Estudando a desobsessão

Waldehir Bezerra de Almeida

Estudando a desobsessão

FEDF | FEB

Copyright © 2019 *by*
FEDERAÇÃO ESPÍRITA BRASILEIRA – FEB

1ª edição – Impressão pequenas tiragens – 1/2025

ISBN 978-85-9466-288-0

Todos os direitos reservados. Nenhuma parte desta publicação pode ser reproduzida, armazenada ou transmitida, total ou parcialmente, por quaisquer métodos ou processos, sem autorização do detentor do *copyright*.

FEDERAÇÃO ESPÍRITA BRASILEIRA – FEB
SGAN 603 – Conjunto F – Avenida L2 Norte
70830-106 – Brasília (DF) – Brasil
www.febeditora.com.br
editorial@febnet.org.br
+55 61 2101 6161

Pedidos de livros à FEB
Comercial
Tel.: (61) 2101 6161 – comercial@febnet.org.br

Adquirindo esta obra, você está colaborando com as ações de assistência e promoção social da FEB e com o Movimento Espírita na divulgação do Evangelho de Jesus à luz do Espiritismo.

Dados Internacionais de Catalogação na Publicação (CIP)
(Federação Espírita Brasileira – Biblioteca de Obras Raras)

A447e   Almeida, Waldehir Bezerra de, 1937–

            Estudando a desobsessão / Waldehir Bezerra de Almeida – 1. ed. – Impressão pequenas tiragens – Brasília: FEB, Brasília: FEDF, 2025.

            200 p.; 21 cm

            Inclui referências

            ISBN 978-85-9466-288-0

            1. Desobsessão. 2. Espiritismo. I. Federação Espírita Brasileira. II. Título.

                                                              CDD 133.9
                                                              CDU 133.7
                                                              CDE 30.00.00

Sumário

Agradecimentos 10
Estudando um livro diferente 11
Origem do livro *Desobsessão* 19
O livro *Desobsessão* por dentro 25
À guisa de introdução 29
    a) Do exorcismo ao acolhimento fraterno 29
    b) *Vade retro satanás* 30
    c) Possessão 33

1 Influenciação 37
    1.1 Influência 37
    1.2 Influência vampirizadora 39
    1.3 Alienação mental 40
    1.4 Tique 41
    1.5 Moléstias-fantasmas 42
2 Habilitando-se para a reunião 45
    2.1 Atitude mental digna 45
    2.2 Digestão laboriosa 46

2.3 Abstinência 48

2.4 Repouso físico e mental 49

2.5 Meditação 51

3 Os dois ambientes da reunião de desobsessão 53

3.1 Espaço físico 53

3.2 Iluminação 54

3.3 Mobiliário 56

3.4 O ambiente espiritual 57

3.5 Leitura preparatória 60

4 Estranhos na reunião de desobsessão 63

4.1 Allan Kardec 65

4.2 João Cléofas (Espírito) 65

4.3 Bezerra de Menezes (Espírito) 66

4.4 Vianna de Carvalho (Espírito) 67

4.5 Hermínio C. Miranda 67

5 Uso da fala antes e depois da reunião 69

6 Transe mediúnico 71

6.1 Conceito de transe 72

6.2 Graus do transe 74

6.3 Indução ao transe mediúnico 75

6.4 Condições psíquicas do médium em transe 76

6.5 Saída do transe mediúnico 77

7 Passes 79

7.1 Médium passista 79

7.2 Passes durante o esclarecimento 81
8 Campo mental 85
9 Médium esclarecedor 89
   9.1 Doutrinar ou esclarecer? 92
   9.2 Tato psicológico 95
   9.3 Campo intuitivo 96
   9.4 O corpo do médium 98
   9.5 Doçura sistemática no falar 99
   9.6 Recursos energéticos de propriedade do esclarecedor 99
      9.6.1 A fé 99
      9.6.2 O pensamento 101
      9.6.3 A fala 103
      9.6.4 A prece 105
   9.7 Reunião de médiuns esclarecedores 107
10 Médiuns psicofônicos 109
   10.1 Fé e discernimento 109
   10.2 Humildade, meditação e autoanálise 110
   10.3 Intromissão de inteligência perversa 111
   10.4 Controle da passividade 111
   10.5 Médium sonambúlico 112
   10.6 Passividades e dispêndios de energia 114
   10.7 Médium obsidiado 117
   10.8 Desdobramento inoportuno 118
   10.9 Avaliação da reunião 120

11 Dirigente de reuniões mediúnicas 123

12 Tipos de Espíritos 127

    12.1 Zoantropos 127

    12.2 "Loucos" ou alienados mentais 129

    12.3 Homicidas 130

    12.4 Galhofeiros 130

    12.5 Exóticos 131

    12.6 Recém-desencarnados em desorientação franca 132

    12.7 Sarcásticos 134

    12.8 Suicidas 134

    12.9 Irmãos infelizes do pretérito alusivo aos integrantes 136

13 Socorrendo o enfermo espiritual 139

    13.1 Animismo 139

    13.2 Mistificação 141

    13.3 Hipnose 142

    13.4 Hipnose construtiva 144

    13.5 Hipnose benéfica 147

    13.6 Choque anímico 149

    13.7 Expressão do sofredor 153

    13.8 Psicoterapia 154

    13.9 Centro de interesse do enfermo espiritual 156

14 Fases do atendimento 159

    14.1 Sintonização 159

    14.2 Abordagem 160

14.3 Encaminhamento 161
15 A dimensão do diálogo 163
    15.1 Saber ouvir 166
    15.2 Saber perguntar 168
    15.3 Saber responder 173
16 Manifestação do mentor 177
17 Dos benefícios da desobsessão 181
18 Sofisma 185

Conclusão 191
Referências 193

Agradecimentos

Agradeço o resultado do nosso esforço no campo do estudo da mediunidade aos queridos diretores e demais trabalhadores do Grupo Espírita Casa do Caminho (GECAM), localizado em Brasília (DF), os quais sempre confiaram a mim a responsabilidade de estudar e repassar o conhecimento adquirido aos novos candidatos à mediunidade com Jesus.

Há trinta anos tem sido o GECAM o oásis onde me dessedento espiritualmente, readquirindo forças para continuar a jornada espiritual, ao lado de companheiros e companheiras que me dão as mãos nos momentos que as articulações da alma se apresentam ancilosadas, impedindo-me de prosseguir sozinho.

Ao Espírito André Luiz somos profundamente gratos por nos ter ofertado diretrizes simples, seguras, destituídas de aparatos e de rituais, para socorrer os desencarnados presos pelas algemas do ódio ou pela cegueira da ignorância com relação à dinâmica da vida.

Estudando um livro diferente

Estudando a desobsessão é o título do novo trabalho do escritor Waldehir Bezerra de Almeida, desses que abrem perspectivas luminosas, ideias antigas com interpretações novas, para os tempos de agora e do futuro, apropriadas às estações da vida.

Desde meados do século XIX, após o lançamento de *O livro dos espíritos*, em 1857, por Allan Kardec, e, posteriormente, a partir das demais obras da Codificação, muitas questões, até então de difícil compreensão, ligadas à mediunidade, passaram a ser explicadas, de forma coerente, prenunciando importantes trabalhos na seara abençoada, que estava sendo inaugurada.

O Espiritismo, no tocante ao intercâmbio entre encarnados e desencarnados, desvenda um horizonte amplo, imensurável, tendo como base inamovível, o Evangelho, sublime legado do Mestre à Humanidade. É a mediunidade com Jesus.

Em *O livro dos médiuns*, lançado em 1861, Allan Kardec aborda, no capítulo 23, a questão da obsessão espiritual, de forma profunda, verdadeiro tratado que vigora nos dias atuais como base a tudo o que é do âmbito da prática mediúnica. O Codificador, numa antevisão do panorama futuro em relação à mediunidade, interroga os Espíritos Superiores:

> Não se pode também combater a influência dos maus Espíritos, moralizando-os?
> Sim, mas é o que não se faz e é o que não se deve descurar de fazer, porquanto, muitas vezes, isso constitui uma tarefa que vos é dada e que deveis desempenhar caridosa e religiosamente. Por meio de sábios conselhos, é possível induzi-los ao arrependimento e apressar-lhes o progresso (it. 254, q. 5).

É importante ressaltar que o mestre lionês presidia, na Sociedade Parisiense de Estudos Espíritas (SPEE), uma reunião mediúnica por ele fundada.

Podemos observar no livro *O céu e o inferno,* lançado em 1865, na segunda parte, 66 comunicações de Espíritos aos quais Kardec atendia e com eles dialogava, dando-nos uma visão acerca desse trabalho.

Como um vento forte, o tempo transcorreu.

Uberaba (MG), estamos no ano de 1964.

O médium Francisco Cândido Xavier, juntamente com o médium Waldo Vieira, psicografaram o novo livro de André Luiz, alternando os capítulos, cujo título seria *Desobsessão*, sendo lançado nesse ano pela FEB.

Um livro diferente, diz Emmanuel em sua apresentação sobre o livro *Desobsessão*, há mais de cinco décadas.

De imediato, ficou evidenciado que o assunto desenvolvido pelo autor espiritual era de extrema necessidade, esclarecendo e aclarando pontos controvertidos e mal-entendidos no âmbito do trabalho mediúnico de desobsessão.

Em sua apresentação, Emmanuel menciona que anteriormente, pessoas que estivessem sofrendo, seja a influenciação espiritual sutil ou a que é bem mais grave, podendo chegar à possessão profunda, não encontravam soluções que as livrassem desses tormentos. Todavia, com o advento do Espiritismo, e sua expansão, novas esperanças surgiram, porque o Consolador prometido por Jesus possibilita o entendimento profundo sobre as obsessões espirituais, bem como os procedimentos compatíveis para possibilitar o amparo aos encarnados e aos desencarnados, nas chamadas sessões de desobsessão.

Escreve Emmanuel:

> Daí ressalta o imperativo de se vulgarizar a assistência sistemática aos desencarnados prisioneiros da insatisfação ou da angústia, por intermédio das equipes de companheiros consagrados aos serviços dessa ordem que, aliás, demandam paciência e compreensão análogas às que caracterizam os enfermeiros dedicados ao socorro dos irmãos segregados nos meandros da psicose, portas adentro dos estabelecimentos de cura mental. Sentindo de perto semelhante necessidade, o nosso amigo André Luiz *organizou este livro diferente de quantos lhe constituem a coleção de estudioso dos temas da alma, no intuito de arregimentar novos grupos de seareiros do bem que se proponham reajustar os que se veem arredados da realidade fora do campo físico* (grifo nosso).

Mais de cinquenta anos transcorreram até os nossos dias. Estamos em março de 2019.

Ultimamente, o amado benfeitor Bezerra de Menezes, pela psicofonia do médium Divaldo Pereira Franco, tem alertado, para conhecimento de todos nós, a respeito da grave situação mundial, mencionando que a obsessão espiritual se alastra de maneira pandêmica. Muito nos interessa o que ele expõe:

A sociedade terrena vive, na atualidade, um grave momento mediúnico, no qual, de forma inconsciente, dá-se o intercâmbio entre as duas esferas da vida. Entidades assinaladas pelo ódio, pelo ressentimento, e tomadas de amargura cobram daqueles algozes de ontem o pesado ônus da aflição que lhes tenham proporcionado. [...] As obsessões campeiam de forma pandêmica, confundindo-se com os transtornos psicopatológicos que trazem os processos afligentes e degenerativos.[1]

O benfeitor, ao nos colocar, enquanto Movimento Espírita, a par da grave situação espiritual que se alastra, a cada passo nos está, obviamente, conclamando a fazer a nossa parte para aclarar o panorama terreno, ainda que seja uma parcela mínima ao nosso alcance, mas já é algo concreto que é possível realizar por meio das reuniões de desobsessão.

Waldehir Bezerra de Almeida, estudioso da Doutrina Espírita, traz à luz, com esta nova obra, o resultado de suas atuais pesquisas, agora voltadas para o trabalho específico das reuniões de desobsessão.

Importante registrar o que ele explica:

O Espírito André Luiz, após vinte anos de vivência e aprendizado em reuniões mediúnicas nos Planos Material e Espiritual, as quais frequentava como desencarnado, conhecedor dessa realidade que retardava o avanço da Doutrina Consoladora e ameaçava a sua pureza, resolveu nos legar, pela psicografia dos médiuns Francisco Cândido Xavier e Waldo Vieira, o livro *Desobsessão*, objetivando a que nos tornássemos cooperadores fiéis da Terceira Revelação de maneira segura e eficiente,

---

[1] FRANCO, Divaldo P. *Em nome do amor*. Pelo Espírito Bezerra de Menezes. 2. ed. 5. imp. Brasília: FEB, 2018.

aprimorando a sublime tarefa de resgate dos irmãos que perambulam alienados no mundo das sombras, prisioneiros de suas fixações mentais flageladoras.

Surge, então, em 1964, a obra mediúnica *Desobsessão,* um livro diferente, segundo o mentor do médium de Uberaba.

O autor vai dizer humildemente que se trata de uma "[...] cartilha de trabalho em que as imagens auxiliem o entendimento da explicação escrita, a fim de que os obreiros da Doutrina Espírita atendam à desobsessão, consoante os princípios concatenados por Allan Kardec". E podemos assegurar que se trata de um manual que se destina a ensinar com segurança a atividade mediúnica. Nenhuma outra atividade medianímica dos centros espíritas recebeu no Plano Espiritual algo semelhante. Seus capítulos são concisos, claros e objetivos, visando à formação técnica do trabalhador espírita da área mediúnica.

A mentora Joanna de Ângelis, referindo-se ao atendimento aos irmãos desencarnados em sofrimento, aconselha:

> Diante deles, os desencarnados que sofrem, embora alguns não se deem conta, coloca-te na posição de quem usa a terapêutica espiritual do amor em si mesmo. Por isso, unge-te de compreensão e fala-lhes com a ternura de irmão e o respeito de amigo (cap. 60).[2]

Os preciosos comentários de Waldehir enriquecem o livro, contextualizando-o e ampliando aspectos, na área da mediunidade, que o tempo e a prática tornaram conhecidos, decorrentes da contribuição de autores espirituais e autores encarnados consagrados, após mais de meio século do lançamento do "livro diferente".

---

[2] FRANCO, Divaldo P. *Leis morais da vida.* Pelo Espírito Joanna de Ângelis. Salvador: LEAL, 1986.

Assim, seus estudos de cada capítulo analisam e desdobram o pensamento de André Luiz, que sempre permanece em sintonia com a universalidade do ensino dos benfeitores da Vida Maior.

A certa altura, nosso amigo Waldehir Bezerra, menciona o seu desiderato ao realizar este estudo:

> Nossa esperança é que esta modesta proposta de um estudo analítico do livro *Desobsessão* seja entendida como um apoio literário, entre tantos outros oferecidos pelos Espíritos, para ajudar no melhor desempenho de equipes mediúnicas já em plena atividade e com aquelas em formação.

Vale relembrar aos nossos leitores o propósito do Espírito André Luiz em nos ofertar o valioso manual, ficando na esperança de que com ele pudéssemos contribuir para a introdução do Espiritismo, tal como fora ofertado pelos Espíritos Superiores, na prática do intercâmbio mediúnico, evitando seu retardamento nas plagas brasileiras, para onde fora transplantado o Evangelho de Jesus, tal como nos revelou o Espírito Humberto de Campos, na sua obra *Brasil, coração do mundo pátria do evangelho*, psicografada por Francisco Cândido Xavier.

Emmanuel, do alto de sua sabedoria, expõe:

> A sessão espírita deveria ser uma cópia fiel do cenáculo fraterno, simples e humilde do Tiberíades, onde o Evangelho do Senhor fosse refletido em espírito e verdade, de modo que, entrelaçados todos os pensamentos na mesma finalidade amorosa, pudesse constituir aquela reunião de dois ou mais corações, em nome

do Cristo, onde o esforço dos discípulos será sempre santificado pela presença do Seu amor (q. 372).[3]

Os benefícios que a reunião de desobsessão prodigaliza não apenas aos desencarnados, mas, também e principalmente aos participantes encarnados são ressaltados pelo autor desse estudo da obra de André Luiz:

> Sem dúvida, aqueles que participam de tão relevante atividade no plano físico são tão beneficiados quanto os desencarnados que ali chegam mostrando as chagas de seus sofrimentos. A cada reunião, somos favorecidos com lições da inexorável Lei de Causa e Efeito; recolhemos, semanalmente, exemplos de vida após a morte do corpo físico atendendo àqueles nossos irmãos que viveram a experiência física e escolheram os caminhos tenebrosos dos vícios, da ociosidade, do crime, da ira, do desrespeito às leis humanas e divinas.

Um aspecto de suma importância é destacado por Waldehir, conforme a seguir.

> A reunião de desobsessão não deve ser vista e desenvolvida como uma atividade isolada na Casa Espírita. Esse procedimento passa para os demais trabalhadores da instituição a falsa ideia de que seus componentes são pessoas especiais. Ingenuamente creem que ela se destina só aos que vêm de fora com problemas de obsessão, esquecendo-se de que todos somos influenciados constantemente pelos espíritos inferiores, justamente por estarmos trabalhando na direção do Bem.

---

[3] XAVIER, F. C. *O consolador*. Pelo Espírito Emmanuel. 29. ed. 8. imp. Brasília: FEB, 2018.

Agradeço, portanto, o convite do estimado amigo Waldehir, oferecendo-me a oportunidade de revisitar o livro *Desobsessão,* retornar às suas páginas e relembrar o primeiro momento que o tive em minhas mãos, olhando com surpresa as fotos que o ilustram, nas primeiras edições, e, mais adiante, o fato de que as pessoas fotografadas se tornaram, com o tempo, tão habituais, como se as conhecesse pessoalmente.

Ao estudar o livro *Desobsessão,* através da visão moderna e experiente do autor, ao desdobrar, aclarar e ampliar o projeto de André Luiz, trazendo sua contribuição pessoal extremamente enriquecedora, bem como citações de vários autores desencarnados de grande conhecimento, além da palavra abalizada de escritores encarnados, favorece, assim, as reuniões mediúnicas de desobsessão já existentes, ao tempo em que abre nova contribuição e incentivo às que estão sendo estruturadas na atualidade.

Desobsessão expressa o processo de libertação de quantos estão sob o guante de sofrimentos que a obsessão espiritual acarreta.

Reunião de desobsessão: pronto-socorro espiritual; hospital de Espíritos! Um trabalho que só o Espiritismo pode oferecer à Humanidade![4]

Juiz de Fora (MG), verão de 2019.
SUELY CALDAS SCHUBERT

---

[4] SCHUBERT, Suely Caldas. *Obsessão/Desobsessão.* 3. ed. 3. imp. Brasília: FEB, 2018.

Origem do livro
Desobsessão

Não obstante o esforço de homens de boa vontade, comprometidos com a Mensagem Consoladora, para promover a divulgação do Espiritismo no Brasil, no seu tríplice aspecto, até a terceira década do século XX, o interesse dos praticantes, na maioria, detinha-se somente no fenômeno mediúnico, que, infelizmente, muitas vezes ficava nas mãos de médiuns e dirigentes de casas espíritas não devidamente alinhadas com os postulados do Espiritismo codificado por Allan Kardec. É que a popularização fiel do Espiritismo, que hoje se faz com ajuda do Estudo Sistematizado e com o apoio de abundante oferta de livros espíritas, não se fazia naquele século, por várias razões, destacando-se entre elas a baixíssima oferta dos livros em Língua Portuguesa.

As obras do Codificador eram lidas em francês e discutidas nas classes sociais mais elevadas, já que tinham cultura e recursos financeiros para a importação das obras. Somente em 1866 o jornalista Luís Olímpio Telles de Menezes traduziu e publicou dois livros que viriam reduzir a ignorância da maioria dos brasileiros sobre aquela doutrina: 1) *Filosofia espiritualista*, composto de trechos de *O livro dos espíritos* e, 2) *O Espiritismo reduzido a sua mais simples expressão* (BRITTO, 2016, cap. 2, p. 46).

É do contexto da época que nas regiões afastadas das grandes metrópoles, e mesmo nessas, funcionavam grupos mediúnicos que se afastavam consideravelmente da Doutrina Espírita, pelas razões expostas, e adotavam práticas ligadas ao Catolicismo, Candomblé, Umbanda e tantas outras religiões e seitas que aportavam no Brasil.

Escritores da Doutrina Consoladora, ainda na quarta década do século XX, denunciavam os desvios de procedimentos nos centros espíritas, onde o fenômeno e a busca de mensagens frívolas eram o motivo propulsor das reuniões e do interesse dos seus frequentadores. Lamentava um deles:

> Por infelicidade, muitas associações espíritas há, quase exclusivamente compostas de pessoas mais dominadas pelo desejo de presenciarem, nas sessões, as proezas dos Espíritos evocados, ou que se manifestam espontaneamente, do que pelo de adquirirem o conhecimento da vida do Além e a significação e o objetivo da vida corpórea, mediante o estudo metódico e aprofundamento dos ensinos espíritas, consubstanciados nas obras fundamentais do Espiritismo, que são, essencialmente, a chave do Cristianismo puro, do Cristianismo com Jesus. (BANAL, 2002, cap. 7, p. 35).

As práticas de africanismo, hinduísmo e outros *ismos* eram comuns, como já dissemos, porque os dirigentes e os médiuns daquelas instituições pouco ou nada sabiam de Espiritismo, Doutrina libertadora de nossas consciências para não ficarem manietadas aos rituais e adorações irracionais.

Outro escritor da época alertava:

A Doutrina Espírita não ensina de forma alguma, nem admite, mesmo por tolerância, essas práticas que constituem verdadeira profanação da sua simplicidade característica. Além desses sacramentos, adotaram, para organização de grupos e modos de trabalhar em sessões, certos preceitos que nos fazem dizer, categoricamente, que aquilo que apresentam como Espiritismo só o é pelo nome, e nada mais. (VALENTE, 2002, *Prefácio*).

Esse quadro começará a ser alterado, lentamente, após o ano 1939, quando Guillon Ribeiro, no seu segundo mandato como Presidente da Federação Espírita Brasileira (FEB), instala o Parque Gráfico da FEB, dando início ao ciclo de edições de livros espíritas em larga escala, sendo distribuídos, na medida do possível, pelo imenso Brasil. Na segunda metade do século XX, surge um dos livros mais importantes destinado à prática da mediunidade, em especial, àquela que se propõe dar assistência aos Espíritos sofredores e obsessores, as denominadas reuniões de desobsessão.

O Espírito André Luiz, após vinte anos de vivência e aprendizado em reuniões mediúnicas nos planos material e espiritual, as quais frequentava como desencarnado, conhecedor dessa realidade que retardava o avanço da Doutrina Consoladora e ameaçava a sua pureza, resolveu nos legar, pela psicografia dos médiuns Francisco Cândido Xavier e Waldo Vieira, o livro *Desobsessão*, objetivando a que nos tornássemos cooperadores fiéis da Terceira Revelação de maneira segura e eficiente, aprimorando a sublime tarefa de resgate dos irmãos que perambulam alienados no mundo das sombras, prisioneiros de suas fixações mentais flageladoras.

Surge, então, em 1964, a obra mediúnica *Desobsessão*, um livro diferente, segundo o mentor do médium de Uberaba. O autor vai dizer humildemente que se trata de uma "[...] cartilha de trabalho em que as imagens auxiliem o entendimento da explicação escrita, a fim de que os obreiros da Doutrina Espírita atendam à desobsessão, consoante os princípios concatenados por Allan Kardec" (XAVIER; VIEIRA, 2017, *Desobsessão*). E podemos assegurar que se trata de um manual que se destina a ensinar com segurança a atividade mediúnica. Nenhuma outra atividade medianímica dos centros espíritas recebeu no Plano Espiritual algo semelhante. Seus capítulos são concisos, claros e objetivos, visando à formação técnica do trabalhador espírita da área mediúnica.

O Presidente da FEB, Wantuil de Freitas, ao receber o original das mãos do médium de Uberaba, sugeriu imprimi-lo sem as fotos, pois elas encareceriam a edição. Chico Xavier e Waldo Vieira, compartilhando com o autor espiritual André Luiz, dirigiram-se, por carta, em 4 de agosto de 1964, ao presidente Wantuil, solicitando que a obra fosse publicada com as fotos, mesmo que o seu custo fosse alto, conforme argumentara aquele presidente. Eis o excerto inestimável da histórica missiva, escrita em sintonia com o autor espiritual:

> [...] precisamos de um trabalho que auxilie a desobsessão, sem os prejuízos do misticismo, como sejam, rituais, defumações, figurações cabalísticas, ídolos diversos e fórmulas outras do magismo, respeitáveis naqueles que os aceitam de intenção pura, mas incompatíveis com os princípios libertadores da Doutrina Espírita, e tão só com as ilustrações pelas fotos conseguirá o livro Desobsessão apresentar ao povo uma ideia indeformável das tarefas da desobsessão, partindo do ponto de vista científico e popular, sem interferências negativas do sincretismo religioso. [...] (SCHUBERT, 2010, "Desobsessão").

Diante dessas razões históricas nós, candidatos a cooperar com a Espiritualidade Superior na sublime tarefa de socorrer nossos irmãos desencarnados em situações dolorosas, temos o dever de estudar o livro *Desobsessão* e adotá-lo como guia seguro na prática da mediunidade com Jesus.

É obra valiosa que não basta apenas ser *lida*, mas sim *estudada* com seriedade e espírito analítico para que se possa apreender e se apropriar do sentido profundo de certas palavras, ensinamentos e expressões, que têm seu alcance próprio, pois "[...] a desobsessão não é caça ao fenômeno e sim trabalho paciente do amor conjugado ao conhecimento e do raciocínio associado à fé", como assegura Emmanuel no prefácio do livro em estudo: *Um livro diferente* (XAVIER; VIEIRA, 2017).

Finalmente, André Luiz conclui que

> Cada templo espírita deve e precisa possuir a sua equipe de servidores da desobsessão, quando não seja destinada a socorrer as vítimas da desorientação espiritual que lhe rondam as portas, para defesa e conservação de si mesma. (XAVIER; VIEIRA, 2017, *Desobsessão*).

O livro *Desobsessão* por dentro

Estudar a Doutrina Espírita não é se dedicar à sua leitura com o mesmo estado de ânimo com que se lê um jornal ou uma revista mundana. Estudar é reter na memória o que se lê, é identificar-se de tal forma com o objeto do estudo, que se decida respeitar por meio da exemplificação os ensinamentos ali colhidos (MENDES, 2010, *A luta gloriosa*).

Esclarecemos o leitor ou leitora que no estudo apresentado nesta obra estaremos nos fundamentando no livro *Desobsessão*, sem assumir a presunçosa condição de hermeneuta,[5] pois a redação do livro de André Luiz, psicografado pelos médiuns Francisco Cândido Xavier e Waldo Vieira o foi em linguagem simples e objetiva, sem rodeios literários, não exigindo do leitor qualquer formação cultural especializada. O que na verdade despertou nosso interesse para o seu estudo analítico foram as inúmeras expressões e termos que nele encontramos e que, a nosso

---

[5] N.A.: Hermenêutica: doutrina ou ciência que tem por objeto a interpretação de textos religiosos ou filosóficos; expõe em detalhes o significado de trechos ou mesmo de obras inteira.

ver, merecem uma análise mais ampla para um mais profundo aproveitamento do livro. A partir dessa realidade, organizamos nossas ideias e considerações reflexivas sem nenhuma pretensão de ser especialista no assunto. Assim sendo, submetemo-lo ao valioso exame dos nossos leitores, na esperança de estarmos contribuindo com o aprimoramento das reuniões de desobsessão, nosso interesse maior.

Vale relembrar que a leitura de uma mensagem escrita e sua compreensão é uma decodificação do pensamento de quem a escreveu. No entanto, nem sempre essa decodificação corresponde exatamente ao que pretendeu manifestar o escritor. Quando isso acontece é porque o leitor está defasado em relação ao estágio intelectual do autor ou não identificado com o tema abordado na mensagem. Para se vencer essas dificuldades aconselha-se uma leitura em grupo, em que cada leitor dará sua contribuição para a identificação do pensamento original do autor.

Só compreendendo o conjunto das palavras na sua íntegra, descobrindo a mensagem implícita do conteúdo, que vai além do recado literal, é que se consegue fazer uma leitura analítica. Logo, não basta somente ler o livro *Desobsessão*, é necessário estudá-lo com critério analítico se desejamos *aprender* e *apreender*, incorporar ao acervo do nosso conhecimento o que ele realmente nos propõe. Para isso, ao lê-lo devemos refletir, comparar o dito com textos de outros autores; caminhar do simples ao complexo, obtendo-se, dessa forma, a síntese do conteúdo estudado. Cada conceito devidamente examinado favorece o entendimento do que se pretende conhecer, facultando mais amplas percepções em torno do objeto em análise.

Estudo sério de conteúdo elevado nos liberta do cativeiro da ignorância e fortalece a mente, por onde penetra a luz do saber. Abracemos o estudo se não desejamos estagnar.

Mais do que nunca, portanto, se afigura a necessidade consciente do estudo espírita como veículo de libertação da consciência e rota iluminativa na viagem da evolução...
O estudo espírita conduz o discípulo ao esclarecimento que é base de segurança, condição precípua à paz (FRANCO, 1972, cap. 19 – *Convite ao Estudo*).

Juntos, caro leitor, iremos nos aprofundar numa análise mais acurada de ensinamentos, termos e expressões contidos no livro. Para alcançarmos esse desiderato buscaremos a ajuda de estudiosos espíritas encarnados e desencarnados que se alinham com a proposta do autor espiritual André Luiz. Nossa esperança é a de que o resultado dessa proposta contribua para melhorar o desempenho de todos nós, componentes da equipe mediúnica. A escolha dos termos, das expressões e ensinamentos analisados aqui não atendeu somente ao critério pessoal, mas, antes de tudo, ao da importância que têm para a formação daqueles que se propõem a fazer parceria com a Espiritualidade. É de suma importância que todos os membros do grupo dominem os conceitos oferecidos por André Luiz, para que o entendimento, durante conversações e estudos, se faça de modo a garantir o melhor resultado possível em prol da construção comum. Quando um membro do conjunto expressa uma ideia e alguns outros não têm a mesma noção do que ele está falando, porque a palavra ou a expressão emitida tem conceito técnico, científico ou estritamente doutrinário, o desentendimento é gerado com relevante prejuízo para a atividade. Por essa razão é que o filósofo francês Voltaire insistia, com quem desejasse com ele dialogar, solicitando: "Se queres conversar comigo, define primeiro os termos que usas".

À guisa de introdução

a) Do exorcismo ao acolhimento fraterno

Prezado leitor, o que iremos abordar neste livro é a *desobsessão*, no entanto, desejando enaltecer a grandeza e eficiência espirituais do trabalho de harmonização espiritual e prevenção da mais devastadora enfermidade que a Humanidade padece, a *obsessão espiritual*. Oferecemos aos leitores que atuam ou que venham atuar no atendimento aos desencarnados, a visão do quanto evoluiu a nossa concepção a respeito dessa enfermidade e da sua cura, em um século e meio, graças aos esclarecimentos que nos deu o Espiritismo codificado por Allan Kardec, sobre a relação "interpessoal" entre encarnados e desencarnados, condicionada pela Lei de Causa e Efeito.

Cremos seja bom termos, mesmo que superficialmente, uma visão histórica desse processo, para melhor dimensionar o quanto aprendemos no relacionamento com os "mortos", permitindo-nos admitir que ainda não alcançamos o último patamar nesta forma de praticar a caridade, competindo-nos aprender cada vez mais, para melhor servir na seara de Jesus.

b) *Vade retro satanás*

Essa era a fórmula clássica usada pelos padres que praticavam o exorcismo na Idade Média, cuja tradução é *Afasta-te, Satanás!* O exorcismo foi praticado pelos sacerdotes e chefes espirituais das diversas crenças para expulsar um espírito maligno ou *demônio* que se *apossava* do corpo de alguém. A concepção de que vivemos em comum com os desencarnados, sofrendo deles a influência, boa ou má, ainda não fazia parte da mentalidade da grande maioria de nós, por isso a crença de que era o *demônio* o responsável pelas enfermidades mentais e por comportamentos.

Mani, místico que viveu na Pérsia no século III d.C., deu origem ao maniqueísmo, doutrina que pregava a existência de princípios eternos, dotados de um poder semelhante, em que um era a luz e o bem, enquanto o outro representava as trevas e o mal. A doutrina maniqueísta se expandiu muito fortemente, estabelecendo que Deus e o demônio disputavam o Universo. Santo Agostinho foi maniqueísta na sua juventude (século IV e início do século V), e confessa seus sentimentos conflitantes, mesmo depois de ter adotado a Igreja Católica como a escolha salvadora de sua alma:

> [...] Quem depositou em mim, e semeou em minha alma esta semente de amargura, sendo eu totalmente obra de meu dulcíssimo Deus? Se foi o demônio que me criou, de onde procede ele? E se este, de anjo bom se fez demônio, por decisão de sua vontade, de onde veio essa vontade má que o transformou em diabo, tendo ele sido criado anjo por um Criador boníssimo? [...].[6]

---

[6] AGOSTINHO, Santo. *Confissões*. Texto integral. Trad. Alex Marins. 1. ed. São Paulo: Martin Claret, 2002. Livro VII, cap. III – *Deus e o mal*.

O Zoroastrismo, religião cujos fundamentos foram revelados pelo profeta Zoroastro aos persas no século VII a.C., concebia que a vida humana é uma constante luta entre o bem e o mal, e ensinava que este último era personificado por uma entidade demoníaca, destinada unicamente a conduzir o homem à perdição. Por essa razão, *valorizava consideravelmente o exorcismo* porque era necessário expulsar o demônio que levava o homem à perdição.

Segundo SCHLESINGER e PORTO (1981, verbete Exorcismo), "O exorcismo praticado no Judaísmo, pelos cabalistas posteriores se referia mais a pessoas vivas 'possuídas' pela alma de morto", e não por um demônio. Confirmando a prática, temos o seguinte relato: "[...] Então, alguns dos exorcistas judeus, ambulantes, começaram a pronunciar, eles também, o nome do Senhor Jesus sobre os que tinham *espíritos maus* [...]" (*Atos*, 19:13, *Bíblia de Jerusalém*; grifo nosso).

Pelo relato podemos inferir que os cristãos primitivos praticavam o exorcismo. Dizem os evangelistas que Jesus conferiu aos apóstolos e aos discípulos o poder sobre os demônios, que foi entendido como o poder de exorcizar. "[...] E disse-lhes: 'Ide por todo o mundo, proclamai o evangelho a toda criatura. Aquele que crer e for batizado será salvo; o que não crer será condenado. Estes são os sinais que acompanharão aos que tiverem crido: Em meu nome *expulsarão os demônios*; falarão novas línguas [...]" (*Marcos*, 16:15 a 17, *Bíblia de Jerusalém*; grifo nosso).

E outros seguidores do Nazareno que, sem as condições morais suficientes também tentavam praticar o exorcismo. Diziam: "Eu vos *conjuro* por Jesus, a quem Paulo proclama!" Quem fazia isso eram os sete filhos de certo Sceva, um sumo sacerdote judeu. Mas o Espírito mau replicou-lhes: "A Jesus eu conheço; e Paulo, sei quem é. Vós, porém, quem sois?" (*Atos*, 19:13 e 14, *Bíblia de Jerusalém*).

No entanto, devemos tomar cuidado com o termo *demônio* que foi traduzido do grego *daimonion*, que significava gênio inspirador, bom ou mau, que presidia o caráter e o destino de cada indivíduo. Recordemos que o filósofo Sócrates (469 a.C. –399 a. C) informava ter um *daimon* ao seu lado sempre o inspirando e lhe dando bons conselhos.

Várias eram as maneiras de se praticar o exorcismo ao longo do tempo:

> Os relatos mostram que havia muitas maneiras diferentes de se exorcizar um espírito mau. Tornou-se popular, na Idade Média, chicotear o corpo nu do paciente para expulsar o intruso; isso era acompanhado de preces e pela imposição das mãos, uma técnica que continuou até nossos dias em certas ordens religiosas. Durante a Idade Média a Igreja também mantinha serviços especiais de exorcismo, frequentemente presenciados por grande número de vítimas. Eram funções longas, cheias das exortações mais fervorosas "a vós, espírito mais maligno" para que deixasse o corpo. Outra forma popular de tratamento era o instrumento em forma de roda ao qual era presa a pessoa atacada; depois, o conjunto era girado até que "os demônios fugissem aterrorizados" (SCHLESINGER; PORTO, 1983, verbete Possessão).

O tempo demonstrou que a prática do exorcismo de nada vale diante de uma entidade má e consciente do que está fazendo. Se em alguns momentos deu resultado satisfatório, foi por que, sem dúvida, o seu agente agiu fraternalmente, usando de caridade para com a entidade possessiva.

Em *O livro dos espíritos*, na questão 477, o Codificador pergunta se as fórmulas de exorcismo têm qualquer eficácia sobre os maus Espíritos e ouve a seguinte resposta: "Não. Quando esses Espíritos veem alguém tomá-las a sério, riem e se obstinam" (KARDEC, 2017).

Na *Revista Espírita* o prof. Rivail complementa:

[...] não há, para isso, nem palavras sacramentais, nem fórmulas cabalísticas, nem exorcismos que tenham a menor influência. Quanto piores, mais se riem do pavor que inspiram e da importância ligada à sua presença. Divertem-se ao serem chamados diabos ou demônios, razão por que tomam gravemente os nomes de Asmodeu, Astaroth, Lúcifer e outras qualificações infernais, redobrando de malícias, ao passo que se retiram quando veem que perdem tempo com gente que não se deixa enganar, e que se limita a rogar para eles a Misericórdia Divina (KARDEC, 2009a, maio 1860, *Variedades* – A noiva traída).

c) Possessão

Os antecedentes da aceitação da possessão têm origem na crença da existência de um ser poderoso destinado à prática do mal — o diabo. Esse conceito existe em muitas religiões, incluindo o Cristianismo primitivo, o Catolicismo, as igrejas reformadas, o Budismo, o Vodu haitiano, o Candomblé afro-brasileiro etc. No Espiritismo a possessão se dá pelos Espíritos inferiores, mas, nem sempre maus.

Em *O livro dos espíritos* (2017), questão 473, Allan Kardec consulta os Espíritos sobre a possessão e eles esclarecem que "[...] *Um Espírito não pode substituir-se* ao que está encarnado, pois este terá que permanecer ligado ao seu corpo até o termo fixado para sua existência material" (grifo nosso).

Fica patente a impossibilidade de um Espírito estranho penetrar no corpo de outro Espírito nele encarnado e lá permanecer definitivamente (substituir-se). Na questão 474, Kardec interroga se *[...] pode a alma ficar na dependência de outro Espírito, de modo a ser por ele subjugada ou obsidiada a ponto de sua vontade vir a achar-se, de certo modo, paralisada?*, e o Espírito lhe responde que "Sim, e são esses os verdadeiros possessos [...]".

Na mesma questão o Codificador demonstra o cuidado de não deixar dúvidas aos seus leitores sobre as respostas dadas pelos seus mentores espirituais, e acrescenta:

> Na sua acepção vulgar, a palavra *possesso* supõe a existência de demônios, isto é, de uma categoria de seres de natureza má, e *a coabitação* de um desses seres com a alma de um indivíduo, no seu corpo. Considerando-se que, *nesse sentido*, não há demônios e que dois Espíritos não podem *habitar simultaneamente* o mesmo corpo, *não há possessos segundo a ideia associada a esta palavra*. Pela palavra *possesso* deve-se entender apenas a dependência absoluta em que uma alma pode achar-se com relação a Espíritos imperfeitos que a subjuguem (2017, Comentário de Kardec à q. 474).

Em *O livro dos médiuns*, item 241, o Codificador mantém o seu entendimento e esclarece:

> Dava-se antigamente o nome de *possessão* ao domínio exercido pelos Espíritos maus, quando a influência deles ia até a aberração das faculdades da vítima. A possessão seria, para nós, sinônimo da subjugação. Deixamos de adotar esse termo por dois motivos: primeiro, porque implica a crença de seres criados para o mal e perpetuamente devotados ao mal, ao passo que não há seres, por mais imperfeitos que sejam, que não possam melhorar-se; segundo, porque implica igualmente a ideia do "apoderamento" de um corpo por um Espírito estranho, de uma espécie

de coabitação, quando, na verdade, só existe constrangimento. A palavra *subjugação* exprime perfeitamente a ideia. Assim, para nós, não há *possessos*, no sentido vulgar do termo, há somente *obsidiados*, *subjugados* e *fascinados* (KARDEC, 2016a).

No entanto, no uso da sua peculiar humildade, reformulou a tese da possessão já em 1863, após estudar criteriosamente o caso verificado com a Srta. Julie, expressou-se da seguinte maneira:

> Dissemos que não havia possessos no sentido vulgar do termo, mas subjugados. Queremos reconsiderar esta asserção, posta de maneira um tanto absoluta, já que agora nos é demonstrado que pode haver verdadeira possessão, isto é, substituição, embora parcial, de um Espírito encarnado por um Espírito errante. Eis um primeiro fato que o prova, apresentando o fenômeno em toda a sua simplicidade (KARDEC, 2009b, dez. 1863, *Um caso de possessão* – Senhorita Julie).

Podemos concluir, portanto, que a metodologia adotada nas reuniões mediúnicas destinadas ao tratamento da desobsessão, é a mais avançada até então revelada pelos Espíritos espíritas, alinhados com a Doutrina libertadora. Ficamos cientes de que a possessão é possível, mas que em nossas reuniões de intercâmbio espiritual iremos trabalhar somente com a obsessão em seus diversos níveis e tipos, e que jamais necessitaremos fazer uso de recursos mirabolantes para socorrer os vitimados pela obsessão. O nosso propósito não será o de exorcizar os Espíritos imperfeitos, que se consideram executores da Lei da Causa e Efeito, mas o de se reconciliarem com os que consideram inimigos, perdoando-os e amando-os, enquanto caminham com eles, conforme nos ensinou o Mestre Jesus Cristo.

1
Influenciação

Os dois textos que antecedem os capítulos do livro em estudo: *Um livro diferente* e *Desobsessão*, respectivamente de Emmanuel e André Luiz, apresentam termos que julgamos necessário dilatar seus significados.

1.1 Influência

Influência do latim "in" + "fluere" = *ação de fluir sobre*. No relacionamento entre encarnados e desencarnados, podemos afirmar que é a ação sutil ou acentuada que um Espírito exerce sobre outro encarnado ou não. Todos usamos, consciente ou inconscientemente, o poder de influenciar de várias formas: pela palavra, pelos atos e pelo pensamento. Allan Kardec perguntou ao Espírito de Verdade, na questão 459 de *O livro dos espíritos* (2017):

Os Espíritos influem em nossos pensamentos e nossos atos?

E a resposta veio assim:

"Muito mais do que imaginais, pois frequentemente são eles que vos dirigem."

Emmanuel ensina que:

Todos exteriorizamos a energia mental, configurando as formas sutis com que influenciamos o próximo, e todos somos afetados por essas mesmas formas, nascidas dos cérebros alheios.
Cada atitude de nossa existência polariza forças naqueles que se nos afinam com o modo de ser, impelindo-os à imitação consciente ou inconsciente (XAVIER, 2016e, cap. 9 – *Sugestão*).

Em *A gênese* (2013), capítulo 14 – *Os fluidos*, item 15, Allan Kardec nos fala sobre o mecanismo da influenciação:

Sendo os fluidos o veículo do pensamento, este atua sobre os fluidos como o som sobre o ar; eles nos trazem o pensamento, como o ar nos traz o som. Pode-se, pois, dizer, sem receio de errar, que há, nesses fluidos, ondas e raios de pensamentos, que se cruzam sem se confundirem, como há no ar ondas e vibrações sonoras.

A influência pode ser salutar, edificante, curativa quando provinda de um bom Espírito de uma boa alma. Mas quando promovida por uma entidade perversa é viciosa, provocando inclusive enfermidades as mais variadas, que os médicos da Terra ainda não sabem diagnosticar. Podemos admitir com segurança que muito raramente não estamos agindo sob influência dos Espíritos, bons ou maus. Ela, como já dissemos, é sutil, mas de resultado danoso, a ponto de André Luiz afirmar:

Não se sabe o que tem causado maior dano à Humanidade: se as obsessões espetaculares, individuais e coletivas, que todos percebem e ajudam a desfazer ou isolar, ou se essas meio-obsessões de quase-obsidiados, despercebidas, contudo bem mais frequentes, que minam as energias de uma só criatura incauta, mas influenciando o roteiro de legiões de outras (XAVIER; VIEIRA, 2015, cap. 35 – *Influenciações espirituais sutis*).

1.2 Influência vampirizadora

No mundo invisível vagueiam Espíritos bastante inferiorizados que se "alimentam" psiquicamente de vibrações mentais, de emanações fluídicas hauridas de alimentos, do fumo e de bebidas alcoólicas consumidas pelos encarnados obstinados pelos prazeres da vida material. Há Espíritos que saciam suas necessidades, alimentando-se dos remanescentes vitais dos corpos recém-mortos e, principalmente, do sangue, seja de origem animal ou humana, em que os elementos vitais se concentram significativamente.

Obviamente, essas entidades não deglutem nem saboreiam as referidas substâncias tal como nós encarnados, mas absorvem suas emanações pela olfação e pela propriedade de absorção dos seus perispíritos. Em razão dessa queda moral vertiginosa, há Espíritos que habitam necrotérios, participam de velório e frequentam cemitérios com o propósito de absorverem os restos vitais dos cadáveres. Daí os cuidados espirituais que se deve ter com velórios e sepultamentos para afastar os Espíritos vampirizadores.

O conhecimento dessa infeliz realidade deve nos impulsionar a que busquemos a devida reserva moral para nos resguardarmos da influência desses irmãos, os quais ainda permanecem nos degraus da escada evolutiva onde, possivelmente, tenhamos estagiado.

Um bom exemplo de influência nefasta desses Espíritos o leitor encontrará no capítulo 6 da primeira parte livro *Sexo e destino*, ditado por André Luiz ao médium Chico Xavier, publicado pela FEB Editora.

No livro *Missionários da luz*, do mesmo autor, o leitor obterá mais informações sobre vampirismo. Aqui nos limitamos em citar esse trecho:

> [...] Apenas cumpre considerar que, entre nós, vampiro é toda entidade ociosa que se vale, indebitamente, das possibilidades alheias e, se tratando de vampiros que visitam os encarnados, é necessário reconhecer que eles atendem aos sinistros propósitos a qualquer hora, desde que encontrem guarida no estojo de carne dos homens (XAVIER, 2017c, cap. 4 – *Vampirismo*).

1.3 Alienação mental

A Psiquiatria ensina que *alienação mental* é qualquer forma de perturbação mental que incapacita o indivíduo para agir segundo as normas legais e convencionais do seu meio social. Pela expressão de André Luiz, entendemos que os variados transtornos que afetam o comportamento do indivíduo podem ser considerados como um sintoma de alienação mental. O *tique* é um dos sintomas dessa enfermidade.

Joanna de Ângelis acrescenta que:

> As condutas alienantes constituem mecanismos de fuga da realidade, portanto, da verdade em si mesma. Para que haja uma inversão de conduta, torna-se inadiável o processo terapêutico de recomposição da personalidade, mediante *reflexão, diálogos, liberação de traumas* e *conflitos* [...] (FRANCO, 2000, *Autorrealização*, it. Encontro com a verdade; grifo nosso).

Interessante observar que a orientação indicada pela mentora para ajudar aquele que está alienado é a que o esclarecedor adota ou deve adotar para libertar os irmãos alienados que se apresentam a ele na reunião mediúnica. Deverá aquele levá-lo a refletir sem acusá-lo, dialogar com ele de forma a conduzi-lo à libertação dos seus traumas, indo ao encontro do autoperdão.

1.4 Tique

O dicionário do prof. Aurélio Buarque de Holanda Ferreira informa que *tique* é

> Contração muscular involuntária, mais ou menos localizada, e de tipo convulsivo, que aparece periodicamente e é de frequência variável, sendo *dependente de fatores psíquicos* e podendo chegar a incluir *emissões verbais impulsivas*; *cacoete*, *trejeito* e *tique* (Grifo nosso).

A ciência médica ensina que os *tiques* nervosos são contrações musculares rápidas, intermitentes, involuntárias, que surgem intempestivamente, reproduzindo-se sempre do mesmo modo. Há *tiques* das pálpebras, dos lábios, do nariz, do pescoço etc. No entanto, entendemos que o médico de Nosso Lar faz menção aos tiques convulsivos, que se manifestam por contrações dos músculos da face, seguidos de movimentos da cabeça, das espáduas, dos membros superiores, convulsões do tronco, acompanhadas de repetição de palavras, surgindo distúrbios psíquicos.[7] Porque tais sintomas se assemelham aos produzidos pela incorporação de Espíritos conturbados, chegando às raias da obsessão. Entendemos, assim, esteja André Luiz se referindo a essa natureza de enfermidade, que pode levar à loucura.

---

[7] MAURI, Antônio Carlos; MAJOLO, Maria Sílvia. *Grande dicionário de medicina*. São Paulo: Editora Maltese.

1.5 Moléstias-fantasmas

É comum sermos vitimados por enfermidades que nos roubam o conforto físico e mental. Elas respondem às agressões do meio em que vivemos ou refletem a nossa condição mental elaborada na atual existência ou em vidas pretéritas, quando plantamos espinhos em vez de flores. Tais enfermidades, muitas vezes, assumem dimensões irreais em razão do nosso exagero na apreciação do mal. O fenômeno das moléstias-fantasmas já fora identificado pelo Codificador, quando muitos acusavam os Espíritos inferiores de serem os responsáveis pelos seus males.

Atentemos para o que ele nos diz:

> Cumpre também dizer que muitas vezes se atribuem aos Espíritos estranhas maldades de que eles são inocentes. Alguns estados doentios e certas aberrações atribuídas a uma causa oculta resultam do Espírito do próprio indivíduo. *As contrariedades que comumente cada um concentra em si mesmo, sobretudo, os desgostos amorosos, levam, com frequência, a atos excêntricos, que seria errôneo considerar-se fruto da obsessão. Muitas vezes o homem é obsessor de si mesmo* (KARDEC, 2016b, Pt. 1, *Manifestações dos Espíritos*, VII – Obsessão e possessão, it. 58; grifo nosso).

André Luiz, em *Estude e viva*, obra de parceria com Emmanuel, trata deste assunto, esclarecendo-nos didaticamente o que pretendeu dizer no livro em análise, ao falar de *moléstias-fantasmas*:

> Referimo-nos às criaturas menos vigilantes, sempre inclinadas ao exagero de quaisquer sintomas ou impressões e que se tornam doentes imaginários, vítimas que se fazem de si mesmas nos domínios das moléstias-fantasmas (XAVIER; VIEIRA, 2015, cap. 28 – *Doenças-fantasmas*).

Emmanuel contribui informando-nos quanto à etiologia das moléstias-fantasmas:

> Ninguém poderá dizer que toda enfermidade, a rigor, esteja vinculada aos processos de elaboração da vida mental, mas todos podemos garantir que os processos de elaboração da vida mental guardam positiva influenciação sobre todas as doenças. [...]
> Toda emoção violenta sobre o corpo é semelhante a martelada forte sobre a engrenagem de máquina sensível, e toda aflição amimalhada é como ferrugem destruidora, prejudicando-lhe o funcionamento.
> Sabe hoje a Medicina que toda tensão mental acarreta distúrbios de importância no corpo físico.
> [...]
> O pensamento sombrio adoece o corpo são e agrava os males do corpo enfermo (XAVIER, 2016e, cap. 28 – *Enfermidade*).

Finalizamos nossa digressão com a ajuda de André Luiz:

> Nós que nos esmeramos no trabalho desobsessivo, em Doutrina Espírita, consagremos a possível atenção a esse assunto, combatendo as doenças-fantasmas, que são capazes de transformar-nos em focos de padecimentos injustificáveis a que nos conduzimos por fatores lamentáveis de auto-obsessão (XAVIER; VIEIRA, 2015, cap. 28 – *Doenças-fantasmas*).

2
Habilitando-se para a reunião

2.1 Atitude mental digna

A solicitação de André Luiz, no capítulo 1 – *Preparo para a reunião: despertar*, (XAVIER; VIEIRA, 2017), não é descabida, pois aquele que tem a responsabilidade de trabalhar em parceria com os irmãos do Plano Espiritual dedicados ao bem sabe que deve desenvolver esforço para manter sua mente elevada, pois ela é a base de todos os fenômenos mediúnicos.

Para a conquista de apropriada condição mental para a tarefa mediúnica, faz-se necessário o exercício, todos os dias, desde as primeiras horas do dia, da oração, do acolhimento de ideias de natureza elevada, da evangelização da fala, da exemplificação mediante atitudes e ações nobres, fugindo-se das discussões estéreis, sustentando paciência e serenidade. Não é patamar de fácil alcance, mas que deve ser buscado, conforme nos lembra o Espírito Marco Prisco:

Transforme o dever num prazer e realize o trabalho que lhe cabe executar com renovada satisfação. Compreensão da tarefa é serviço em desenvolvimento. Quando afligido pelo cansaço de qualquer procedência, *mude de atitude mental e sentir-se-á reconfortado*. Alegria na ação constitui motivação estimulante. [...] *A verdadeira alegria do trabalho decorre inicialmente da atitude mental em relação ao seu desdobramento*. Encontrar em tudo motivação, é, sem dúvida, predispor-se à felicidade (FRANCO, 2008, cap. 54; grifo nosso).

2.2 Digestão laboriosa

A orientação do autor do livro em estudo, dada no capítulo 2 – *Preparo para a reunião: alimentação*, tem fundamento científico, pois como médico sabe o quanto os alimentos são responsáveis pela nossa disposição física a ponto de obnubilar a nossa consciência, principalmente quando são eles de *laboriosa digestão*. Um especialista no trato com o estômago assegura:

> [...] o processo de digestão e absorção dos alimentos é garantido por uma vigorosa secreção de neurotransmissores, enzimas e hormônios que interagem continuamente. Essa fantástica movimentação, *embora não exija nenhum esforço intelectual de nossa parte, representa um investimento de energia considerável para o organismo*, que recruta, inclusive, uma enorme quantidade de sangue para o local onde acontece. *Vem daí a sensação de sono que nos acomete após as grandes refeições*. É o corpo pedindo um tempo de repouso nas outras funções, para que possa executar satisfatoriamente a digestão e a absorção (PÓVOA, 2002, Pt. 5, cap. 17; grifo nosso).

Sem dúvida, é dessa *digestão laboriosa* de que fala André Luiz, quando o organismo necessita consumir grande parcela de energia para digerir a porção de alimento composta de carne e outras iguarias que exige alto consumo de calorias e sucos digestivos para se completar.

O estômago cheio, fazendo uma digestão difícil afeta nossas emoções, dificulta a elaboração mental. Portanto, vale à pena trazer aqui uma passagem bastante ilustrativa a esse respeito, sem prejuízo da leitura integral do capítulo que o leitor ou a leitora fará para se enriquecer mais de informações sobre o caso:

— Repare nesta nossa irmã. É candidata ao desenvolvimento da mediunidade de incorporação.
Fraquíssima luz emanava de sua organização mental e, desde o primeiro instante, notara-lhe as deformações físicas. O estômago dilatara-se-lhe horrivelmente e os intestinos pareciam sofrer estranhas alterações. O fígado, consideravelmente aumentado, demonstrava indefinível agitação. Desde o duodeno ao sigmoide, notavam-se anomalias de vulto. Guardava a ideia de presenciar, não o trabalho de um aparelho digestivo usual, e sim de vasto alambique, cheio de *pastas de carne* e *caldos gordurosos*, cheirando a vinagre de *condimentação ativa*. Em grande zona do ventre *superlotado de alimentação*, viam-se muitos parasitos conhecidos, mas, além deles, divisava outros corpúsculos semelhantes a lesmas voracíssimas, que se agrupavam em grandes colônias, desde os músculos e as fibras do estômago até a válvula ileocecal. Semelhantes parasitos atacavam os sucos nutritivos, com assombroso potencial de destruição.

Observando-me a estranheza, o orientador falou em meu socorro:
— Temos aqui uma pobre amiga desviada nos excessos de alimentação. Todas as suas glândulas e centros nervosos trabalham para atender as exigências do sistema digestivo. Descuidada de

si mesma, *caiu na glutonaria crassa, tornando-se presa de seres de baixa condição* (XAVIER, 2017c, cap. 3 – *Desenvolvimento mediúnico*; grifo nosso).

Cremos que o texto é bastante convincente para nos levar à reflexão e mudança de hábitos alimentares, não somente nos dias de reuniões mediúnicas, quando aquela atividade exige condições ideais que não se consegue improvisar.

2.3 Abstinência

Observamos que a Espiritualidade é extremamente tolerante com as dificuldades que ainda temos para nos libertarmos de hábitos alimentares e de vícios que em nada contribuem com a nossa saúde física, mental e espiritual. Não exige abstinência definitiva das coisas que ainda nos agradam e fazem parte de nossas vidas, não nos excluindo, portanto, de participar das atividades mediúnicas que a Casa Espírita nos ofereça. As exigências autoritárias ficam por conta daqueles que não se espelham em Jesus que contou para o seu apostolado com colaboradores simples e pecadores. O que nos pede o amigo André Luiz, no capítulo 2, é que, *pelo menos no dia da reunião*, nos abstenhamos de fumo, café e temperos excitantes, pois que esses elementos não favorecem a nossa disposição física e psíquica, para melhor cooperar com os trabalhos mediúnicos, quando teremos a feliz oportunidade de conviver com os nossos mentores e protetores espirituais, atuando no socorro aos irmãos infelizes.

Qualquer dependência que escravize o homem deve merecer sua mais forte atenção, procurando libertar-se dessa dependência com a contribuição de esforços contínuos. Fumo, álcool, drogas alucinógenas e alimentos excessivamente condimentados e em demasia lesam o organismo físico e deixam marcas profundas no perispírito. O uso do tabaco e do álcool contribui para a destruição do fígado e do pâncreas; compromete, também, o centro vital laríngeo, pelo qual os desencarnados se manifestam pela voz. Sabendo o médium que deve oferecer sua indumentária física a serviço do bem pelo intercâmbio mediúnico, resta desenvolver esforços no sentido de se libertar de tais hábitos.

A advertência se estende a todos os membros da equipe. O passista deve se manter física e mentalmente equilibrado, não oferecendo impurezas que viciem as energias espirituais transmitidas por seu intermédio. O esclarecedor necessita de condição psíquica saudável para alcançar a sintonia sem ruídos com as entidades sofredoras que atuam junto a ele, na busca de um diálogo construtivo. O dirigente, como responsável maior no plano terreno, deverá estar físico, moral e intelectualmente pronto para ser conduzido pela Espiritualidade responsável direta pelo desenvolvimento e segurança dos trabalhos. A ninguém do grupo é dado o privilégio de não se render à abstinência.

2.4 Repouso físico e mental

No capítulo 3 – *Preparo para a reunião: repouso físico e mental* destacamos: "Após o trabalho, seja ele profissional ou doméstico, braçal ou mental, faça o seareiro da desobsessão o horário possível de refazimento do corpo e da alma" (XAVIER; VIEIRA, 2017). Nesse passo, devemos admitir que a orientação dada há meio século pelo amigo André Luiz carece de algumas considerações, não na sua essência, mas na sua aplicação.

A dinâmica do trabalho profissional nos dias atuais está profundamente alterada em relação àqueles dias: o deslocamento do médium, desde o seu local de trabalho até à residência, representa, não poucas vezes, perda de tempo com o trânsito intenso de automóveis e outros meios de locomoção, enfrentando, muitas vezes, um trânsito *engarrafado*, consumindo-lhe os minutos preciosos, o que não acontecia há meio século. Tendo, o homem ou a mulher, compromisso com a Casa Espírita, não lhe sobra o tempo desejado para o repouso físico e mental sugerido.

É oportuno frisar que a grande maioria dos membros das reuniões mediúnicas é do sexo feminino. Ora, se levarmos em conta que a quase totalidade das mulheres, meio século atrás, se dedicava, exclusivamente, aos afazeres domésticos e que hoje redobram suas obrigações, assumindo atividades fora e dentro do lar, torna-se quase impossível para ela o *refazimento do corpo*. No entanto, há recursos alternativos que podem ser buscados para se alcançar minimamente o referido repouso mental, tanto para elas quanto para eles:

- No dia da reunião, em meio a suas atividades profissionais, manter a vigilância quanto a assuntos deprimentes ou maledicentes.
- Se tiver condições, durante o horário de almoço, dê continuidade à leitura de alguma obra espírita, ou leia mensagens de elevado teor.
- No percurso para a Casa Espírita, se possível, busque seguir ouvindo músicas adequadas para meditação ou palestras espíritas, que muitos contribuirão para você enfrentar o trânsito *engarrafado* pacientemente.
- Se a parada for longa, leia uma mensagem e reflita sobre ela. Assim estará se livrando da irritação, construindo a tranquilidade mental tão necessária à tarefa que vai executar dentro de alguns minutos.

Finalmente, não será a azáfama e o cansaço do trabalho que tornarão você impossibilitado de servir na Seara do Mestre, porque:

O trabalho é, ao lado da oração, o mais eficiente antídoto contra o mal, porquanto conquista valores incalculáveis com que o espírito corrige as imperfeições e disciplina a vontade.
[...]
Maledicência e intrigas, vaidades e presunções, calúnias e boatos, despeito e descrédito, inquietações e medo, pensamento deprimentes e tentações nascem e se alimentam durante a hora vazia.
[...]
Cada momento sabiamente aproveitado adiciona produtividade na tua sementeira de esperança (FRANCO, 1976, Pt. 3, cap. 7 – *A bênção do trabalho*; grifo nosso)

2.5 Meditação

No capítulo 4 – *Preparo para a reunião: prece e meditação*, André Luiz lembra-nos a necessidade da meditação. Trata-se da busca de atitude íntima de recolhimento e silêncio, como se fosse uma viagem que fizéssemos ao nosso interior, desejando nos conhecer e buscar, em nosso próprio manancial psíquico-espiritual, ajuda para solucionar problemas que nos afligem, para a conquista da paz interior. As formas de praticá-la podem ser a mentalização de algo ocorrendo com o praticante (exemplo: uma luz branca, brilhante, percorrendo seus centros vitais), ou pela atração das energias da Natureza (Sol, Lua, oceano, rio, árvore etc.). Quem medita deve escolher o local e as condições que melhor favoreçam uma concentração ininterrupta, para que ela se torne um canal de comunicação com o Eu profundo, com as potestades espirituais e com Deus. Joanna de Ângelis faz referência à *meditação reflexiva*, quando a mente é fixada nas ideias positivas, na busca de saber quem somos e qual a finalidade da nossa existência corporal, e do futuro que nos aguarda. É técnica ideal para o autoencontro. Ensina:

Através de uma concentração analítica, o neófito *examina as suas carências e problemas*, os seus defeitos e as soluções de que poderá dispor para aplicar-se.
Não se trata de uma gincana mental, mas de uma *sincera observação de si mesmo*, dos recursos ao alcance e dos temores, condicionamentos, emoções perturbadoras que lhe são habituais. Estudando um problema de cada vez, surge a clara solução como proposta liberativa que deve ser aplicada sem pressa, com naturalidade (FRANCO, 1991, Pt. 8, cap. 35 – *Meditação e ação*; grifo nosso).

O autodescobrimento pela reflexão é um exercício a ser praticado constantemente, evitando a que nos enganemos a nosso respeito, quando nos acreditamos isentos de falhas a serem corrigidas, chegando, assim, à sadia conclusão que a responsabilidade dos nossos fracassos e das nossas dores não é do outro, nem da sociedade, mas, antes de tudo, nossa. A meditação reflexiva poderá ser realizada a qualquer momento, sem a exigência de aparatos. Podemos fazer em qualquer situação, refletindo no que estamos fazendo com os outros e conosco mesmo. Essa prática nos liberta de ver o mundo como o vê uma criança, admitindo que basta querer e pedir para que tudo se realize e, quando não, chora para sensibilizar os adultos. A reflexão ajuda a que encontremos a nós mesmos e não caminhemos sozinhos no labirinto da vida.

3
Os dois ambientes da reunião de desobsessão

3.1 Espaço físico

Nem toda Instituição possui uma ou mais salas destinadas unicamente às reuniões mediúnicas de desobsessão, o que seria o ideal, pois o ambiente deve ser protegido das influências deletérias dos humanos. Por isso André Luiz as compara a uma sala cirúrgica, que requer isolamento, respeito, silêncio e assepsia, onde só entram os que se prepararam antecipadamente.

Na impossibilidade de uma sala exclusiva para as reuniões de amparo aos desencarnados, que sejam permitidas nelas somente atividades que produzam vibrações sadias, não a contaminando com vibriões mentais de atividades acaloradas. Evangelização, estudo doutrinário e fluidoterapia produzem imagens positivas e vibrações concernentes com as atividades desobsessivas nelas realizadas.

Devemos, portanto, incrementar esforços no sentido de manter o ambiente onde se realiza aquelas reuniões como um espaço sagrado, levando-se em conta que nele se realiza um dos fenômenos mais delicados e significativos de relacionamento entre os dois planos da vida. Atentemos para o que nos informa o Espírito Philomeno de Miranda sobre o trabalho realizado no ambiente físico das reuniões mediúnicas:

> Sob a orientação do nosso mentor, especialistas em higiene ambiental utilizando-se de aparelhos próprios puseram-se a *sanear, não somente o ar como o solo empestado das fixações ideoplásmicas prejudiciais.*
> O trabalho de preservação do ambiente é de alta relevância para as atividades espirituais que nele se devem operar como é compreensível.
> As nossas atividades realizadas sob condições especiais, na área dos fluidos e da energia, *para que alcancem o êxito desejado, estão submetidas a muitas condições e circunstâncias, entre as quais a da higiene local.* Por essa razão, fazem-se recomendáveis os cuidados para que as reuniões mediúnicas de cura, de atendimento fraternal e de socorro tenham lugar em recintos reservados para esses misteres em razão de serem providenciadas defesas e assepsiadas com frequência, liberando-as dos miasmas psíquicos dos enfermos de ambos os planos que para ali acorrem em busca de auxílio (FRANCO, 2012, cap. 11 – *As atividades prosseguem luminosas*; grifo nosso).

3.2 Iluminação

No capítulo 9 – *Templo espírita*, André Luiz enfatiza que o Centro Espírita é local ideal para a realização das reuniões de desobsessão, deixando claro que devemos evitar o intercâmbio mediúnico com aquele propósito em nossos lares ou locais não devidamente preparados para tal cometimento. Informa que

"No templo espírita, os instrutores desencarnados conseguem localizar recursos avançados do Plano Espiritual para o socorro a obsidiados e obsessores [...]". Como parte dos cuidados, orienta no capítulo 17 – *Iluminação* que a iluminação da sala, durante o intercâmbio, deverá ser feita, preferivelmente, com uma ou duas lâmpadas de 15 watts, de preferência vermelhas, objetivando não prejudicar "[...] a formação de medidas socorristas, mentalizadas e dirigidas pelos instrutores espirituais, diretamente responsáveis pelo serviço assistencial em andamento, como apoio nos recursos medianímicos da equipe" (XAVIER; VIEIRA, 2017).

Segundo o Dr. Hernani Guimarães Andrade, "[...] o ectoplasma é sensível à ação da luz comum, porém, pode suportar bem as radiações pouco energéticas do espectro da luz visível, aos níveis do vermelho e infravermelho" (ANDRADE, 2010, cap. 8, p. 163).

Poderá nos perguntar o leitor ou a leitora: Qual a relação entre o ectoplasma e uma reunião de desobsessão? A resposta quem nos dá é o mentor Áulus, ao esclarecer André Luiz sobre a existência de um aparelho retangular instalado na sala de reunião, no Mundo Espiritual:

> — Aquele aparelho — informou Áulus, gentil — é um "condensador ectoplásmico". Tem a propriedade de concentrar em si os raios de força projetados pelos componentes da reunião, reproduzindo as imagens que fluem do pensamento da entidade comunicante não só para nossa observação, mas também para análise do doutrinador, que as recebe em seu campo intuitivo, agora auxiliado pelas energias magnéticas do nosso plano.
> [...]
> [...] as energias ectoplasmáticas são fornecidas pelo conjunto dos companheiros encarnados, em favor dos irmãos que ainda se encontram semimaterializados nas faixas vibratórias da experiência física [...] (XAVIER, 2015b, cap. 7 – *Socorro espiritual*).

3.3 Mobiliário

Destaca-se nos capítulos 15 – *Mobiliário para o trabalho* e 16 – *Cadeiras* a preocupação do médico de Nosso Lar com os móveis que deverão ser adotados na sala da reunião destinada à tarefa de intercâmbio mediúnico. Talvez hoje ele não se preocupasse com esse detalhe, mas devemos lembrar que o livro foi ditado há mais de cinquenta anos, quando o fenômeno era o que mais atraía o público, realizando-se, muitas vezes, em lugares aparatosos, para impressionar o público e atender a ignorância dos seus cultores que alimentavam a crença que a Espiritualidade Superior assim exigia. Somente os Espíritos ainda não esclarecidos, ainda presos às ilusões da vida material, exigem ostentação e rituais.

Atualmente, entendem os dirigentes dos grupos mediúnicos que já não há mais necessidade de se utilizar "[...] cadeiras, pesadas na constituição, para frustrar os impulsos de queda ou de agitação excessiva, habituais nos médiuns em transe [...]" (XAVIER; VIEIRA, 2017, cap. 16). Prevalece hoje o critério de que os médiuns devam ser instruídos e treinados para usarem disciplinadamente suas faculdades, o que não acontecia àquela época, quando eles eram convidados a desenvolverem a mediunidade nas próprias reuniões de desobsessão, com pouco ou nenhum conhecimento doutrinário e nenhuma noção da complexidade da prática mediúnica.

Sobre essa realidade, pedimos permissão aos nossos leitores para relatar um fato que comprova, exatamente, o que acabamos de dizer sobre a não-educação mediúnica dos sensitivos de outrora e dos dirigentes, pouco ou nada sabendo de como agir diante dos descontroles dos médiuns. Na década de 60 do século XX, visitando um Centro Espírita na cidade de Águas da Prata, no Estado de São Paulo, fomos convidados a adentrar na sala de reunião mediúnica. Observando o ambiente, chamou-nos a atenção uma mesa construída em concreto! Curioso, solicitei ao presidente da Casa que nos explicasse qual a finalidade daquela mesa. Ele nos respondeu que era para os médiuns, quando em transe, não a levantarem como faziam antes, quando era de madeira... Sufocamos qualquer comentário para não sermos indelicados, mas pensamos: "o ideal seria educar a natureza dos médiuns e não mudar a natureza da mesa...". Talvez ainda encontremos centros espíritas que admitam médiuns conturbados, deseducados e sem conhecimento doutrinário em reuniões de desobsessão, mas ficamos na esperança que seja uma quantidade ínfima.

Atualmente vem se abolindo o uso da mesa e adotando-se a composição de cadeiras em círculo ou em quadrilátero, conformando-se ao formato geométrico da sala e ao seu tamanho. Uma sala pequena com uma mesa no meio destinada aos médiuns e aos esclarecedores dificultaria a movimentação desses últimos e dos passistas também.

Optando-se somente por cadeiras, essas devem ter, de preferência, apoios laterais para descanso dos braços dos trabalhadores. Se houver prática de psicografia durante a reunião de desobsessão (não orientado por André Luiz), usa-se para aqueles médiuns cadeiras universitárias ou pequenas mesas.

Finalizando o capítulo 15, remata André Luiz: "Se tivermos de acrescentar algo, aditemos dois bancos, igualmente de madeira, para visitas casuais ou para o socorro magnético a esse ou àquele companheiro do grupo quando necessite de passe, à distância do círculo formado em comunhão de pensamento" (XAVIER; VIEIRA, 2017).

3.4 O ambiente espiritual

Tão condicionados vivemos ao ambiente material que raramente paramos para refletir sobre a paisagem espiritual que nos cerca. No local em que se desenrola a atividade mediúnica nossa atenção fica presa à área física, onde visualizamos paredes, portas, janelas, piso, cadeiras, iluminação; registramos as condições de aeração e notamos a presença dos componentes encarnados, esquecendo que os Espíritos estão à nossa volta. São eles os orientadores, os magnetizadores, arquitetos espirituais que manejam os fluidos para atender às necessidades dos Espíritos que serão socorridos e que já estão no ambiente, todos sob o comando de um mentor responsável maior pelo trabalho. Esquecemos que ali estão instalados equipamentos, dos quais não fazemos ideia da sua alta tecnologia e precisão, que serão manejados por médicos, enfermeiros e técnicos especializados. Para bem compreendermos o que estamos dizendo vamos nos valer do relato do Espírito Efigênio S. Vitor sobre o ambiente espiritual das reuniões de desobsessão do Grupo Meimei:

> Nossa reunião está garantida por três faixas magnéticas protetoras.
> A primeira guarda a assembleia constituída e aqueles desencarnados que se lhes conjugam à tarefa da noite.
> A segunda faixa encerra um círculo maior, no qual se aglomeram algumas dezenas de companheiros daqui, ainda em posição de necessidade, à cata de socorro e esclarecimento.
> A terceira, mais vasta, circunda o edifício, com a vigilância de sentinelas eficientes, porque, além dela, temos uma turba compacta — a turba dos irmãos que ainda não podem partilhar, de maneira mais íntima, o nosso esforço no aprendizado evangélico [...].
> Bem junto à direção de nossas atividades, está reunida grande parte da equipe de funcionários espirituais que nos preservam as linhas magnéticas defensivas.

À frente da mesa orientadora, congregam-se os companheiros em luta a que nos referimos.

E em contraposição com a porta de acesso ao recinto, dispomos em ação de dois gabinetes, com leitos de socorro, nos quais se alonga o serviço assistencial.

Entre os dois, instala-se grande rede eletrônica de contenção, destinada ao amparo e controle dos desencarnados rebeldes ou recalcitrantes, rede essa que é um exemplar das muitas que, da vida espiritual, inspiraram a Medicina moderna no tratamento pelo eletrochoque.

E assim organiza-se nossa Casa para desenvolver a obra fraterna em que se empenha, em favor dos companheiros que não encontraram, depois da morte, senão as suas próprias perturbações (XAVIER, 2017a, cap. 31 – *Um irmão de regresso*).

Com essas lúcidas informações ficará mais fácil para todos mentalizar o ambiente espiritual que se interpenetra com o material, e passamos a nos sentir mais seguros, confiantes e comprometidos com os resultados almejados.

O Espírito Efigênio nos fala ainda dos "Arquitetos espirituais", que atuam nas reuniões de desobsessão. Esses manipulam a matéria mental necessária à formação de quadros educativos. Assegura que há no ambiente um centro onde os pensamentos nossos e daqueles que nos comungam as tarefas gerais são acondicionados.

Esse centro abrange vasto reservatório de plasma sutilíssimo, de que se servem os trabalhadores a que nos referimos, na extração dos recursos imprescindíveis à criação de formas-pensamento, constituindo entidades e paisagens, telas e coisas semi-inteligentes, com vistas à transformação dos companheiros dementados que intentamos socorrer (XAVIER, 2017a, cap. 44 – *Arquitetos espirituais*).

Esses arquitetos da Vida Espiritual consultam, com antecedência, as reminiscências dos comunicantes que serão amparados, observando-lhes o pretérito e anotando-lhes os labirintos psicológicos. Durante a reunião serão criados, com a referida matéria quintessenciada, painéis movimentados e vivos, para sensibilizar os socorridos e torná-los acessíveis aos argumentos do esclarecedor, bem como fazê-los ver a realidade que escondem no seu inconsciente profundo, negando-se ao esforço da transformação íntima. São apresentados a esses irmãos recalcitrantes:

> [...] jardins, templos, fontes, hospitais, escolas, oficinas, lares e quadros outros em que os nossos companheiros desencarnados se sintam como que tornando à realidade pregressa, através da qual se põem mais facilmente ao encontro de nossas palavras, sensibilizando-se nas fibras mais íntimas e favorecendo-nos, assim, a interferência que deve ser eficaz e proveitosa.
> [...]
> É assim que as forças mento-neuropsíquicas de nosso agrupamento são manipuladas por nossos desenhistas, na organização de fenômenos que possam revitalizar a visão, a memória, a audição e o tato dos Espíritos sofredores, ainda em trevas mentais (XAVIER, 2017a, cap. 44 – *Arquitetos espirituais*).

3.5 Leitura preparatória

Conforme orientação nos capítulos 27 – *Livros para leitura* e 28 – *Leitura preparatória*, necessária se faz uma leitura precedente, objetivando a preparação do ambiente íntimo de cada um de nós. Sugere André Luiz, por óbvio, os seguintes livros, complementando a orientação:

1. *O evangelho segundo o espiritismo*;
2. *O livro dos espíritos*;
3. uma obra subsidiária que comente os princípios kardequianos à luz dos ensinamentos do Cristo (XAVIER; VIEIRA, 2017, cap. 27).

Sabemos, de antemão, que o ambiente espiritual onde se desenvolverá o labor desobsessivo já se encontra, com muita antecedência, devidamente higienizado, equipado e protegido por faixas magnéticas, para que tudo transcorra com segurança e conforme o planejado pelos mentores responsáveis. Necessário se faz, então, que busquemos uma sintonia apropriada, digna do evento, para melhor cooperar com a equipe espiritual.

Com relação aos livros a serem lidos, o médico de Nosso Lar fala de *preferência*, não sendo determinativo, procedimento comum entre os Espíritos do seu jaez. Em nossa opinião, a leitura sequencial de *O evangelho segundo o espiritismo* é indispensável. Quanto aos livros contendo dissertações em torno dos temais vitais do Espiritismo cristão existem muitos psicografados pelos médiuns Francisco Cândido Xavier, Divaldo Pereira Franco e Raul Teixeira, para ficar apenas nesses.

A propósito, lembramos a Coleção *Estudando a Codificação*, editada pela FEB Editora, composta dos seguintes títulos: *Religião dos espíritos*, *Seara dos médiuns*, *O espírito da verdade*, *Justiça divina*, que dissertam, respectivamente, sobre *O livro dos espíritos*, *O livro dos médiuns*, *O evangelho segundo o espiritismo* e *O céu e o inferno*. Já o título *Estude e viva* aborda *O evangelho segundo o espiritismo* e *O livro dos espíritos*, com textos de Emmanuel e André Luiz.

Para os componentes do grupo que chegam antes dos demais, sugerimos que se escolha uma boa *leitura de espera* a ser feita por todos, evitando, assim, que surjam conversações não condizentes com o momento. Entre elas indicamos os que nos lembram a atuação do Mestre Jesus quando entre nós, tais como *Boa nova*, *No roteiro de Jesus* e *Jesus no lar*, publicadas pela FEB Editora; os livros do Espírito Amélia Rodrigues, ditadas ao médium Divaldo Pereira Franco: *Trigo de Deus*, *Primícias do reino*, *A mensagem do amor imortal* e outros editados pela LEAL. São todos muito interessantes para a *leitura de espera*.

Não se permitirá debates em torno das leituras feitas, pois não se trata de estudo doutrinário, em que as interpretações podem ser discutidas, cabendo, no entanto, esclarecimentos de quem possa dar, buscando-se o melhor aproveitamento do que se está lendo. Os minutos iniciais são dedicados à busca de sintonia com o Mais Alto e na formação de um campo mental homogêneo e elevado. O momento é de singular importância, como nos assevera o Espírito Efigênio S. Vítor:

> Toda a cautela é recomendável no esforço preparatório da reunião de intercâmbio com os desencarnados menos felizes, porque a elas compareçamos, na condição de enfermeiros e instrutores, ainda mesmo quando não tenhamos, em nosso campo de possibilidades individuais, o remédio ou o esclarecimento indispensável (XAVIER, 2017a, cap. 44 – *Arquitetos espirituais*).

4
Estranhos na reunião de desobsessão

Coloquemo-nos no lugar dos desencarnados em desequilíbrio e entenderemos, de pronto, a inoportunidade da presença de qualquer pessoa estranha à obra assistencial dessa natureza (XAVIER; VIEIRA, 2017, cap. 18 – *Isolamento hospitalar*).

Estranhos são aqueles irmãos que se apresentam, inesperadamente, no dia e hora da reunião ou que agendaram a visita por motivos especiais. São eles:

- Obsidiados e seus acompanhantes (cap. 23 – *Chegada inesperada de doente*);
- Visitante para observação construtiva (cap. 21 – *Visitantes*);
- Visitas de enfermos (cap. 23 – *Chegada inesperada de doente*);
- Visitas eventuais ou casuais (cap. 15 – *Mobiliário para os trabalhos*).

São todos, na verdade, *estranhos* à equipe de desobsessão, ou seja, dela não fazem parte.

Orienta ele, no capítulo 23, que no caso de se apresentarem, no dia e hora da reunião, *enfermos ou obsidiados* sem aviso prévio, se faz "Necessário que *o discernimento do conjunto funcione, ativo*". Lembra que "[...] o doente e os acompanhantes podem ser admitidos por momentos rápidos na fase preparatória dos serviços programados, recebendo passes e orientação [...]. *"Findo o socorro breve, retirar-se-ão do recinto"* (XAVIER; VIEIRA, 2017; grifo nosso).

A presença de *estranhos* nas reuniões de desobsessão é tema contraditório hoje em dia. Nem todos os centros adotam o procedimento. Alguns promovem uma reunião prévia, em que os necessitados de socorro espiritual ouvem uma pequena preleção (quinze minutos), tomam passe e depois se retiram. Em casos de avançada perturbação, o obsidiado fica em uma sala com dois acompanhantes, enquanto a reunião de desobsessão se desenrola, na esperança de que ele receberá mais diretamente o auxílio de que necessita.

É prudente observar, no entanto, que todas essas orientações são dadas em função da *chegada inesperada* de enfermos e de obsidiados à Instituição no dia e hora dos trabalhos mediúnicos, não se tratando, portanto, de procedimento programado. Para toda regra há exceção, mormente quando se trata de exercer a caridade.

No passado era normal que os obsidiados participassem das reuniões de desobsessão, pois se acreditava que assim agindo o resultado seria mais rápido e eficaz. Tal crença era, e ainda é para poucos, resultante do desconhecimento das obras básicas da Doutrina Espírita e das que lhe deram continuidade. Eis por que o nosso propósito é o de oferecer subsídios ao leitor para que tire suas conclusões, não obstante os nossos comentários. Atentemos para o que nos dizem:

4.1 Allan Kardec

Uma reunião é um ser coletivo, cujas qualidades e propriedades são a resultante das de seus membros, formando uma espécie de feixe. Ora, quanto mais homogêneo for este feixe tanto *mais força terá*. [...] Já que o Espírito é de certo modo alcançado pelo pensamento, como nós o somos pela voz, 20 pessoas, unindo-se com a mesma intenção, terão necessariamente mais força do que uma só, mas, a fim de que esses pensamentos concorram para o mesmo fim, *preciso é que vibrem em uníssono, que se confundam, por assim dizer, em um só, o que não pode dar-se sem o recolhimento* (KARDEC, 2016a; grifo nosso).

Como se conseguir homogeneidade de pensamento e de sentimento, bem como uma concentração segura em uma reunião na qual haja *estranhos*? Se a reunião é um *ser coletivo*, estando um dos presentes destoando dos demais, o *coletivo* estará fragilizado, tendo dificuldade de rechaçar os ataques das sombras.

4.2 João Cléofas (Espírito)

[...] São requisitos imprescindíveis para o êxito de uma reunião mediúnica séria:

- a afinidade entre os seus participantes;
- a lealdade de propósitos, voltando o pensamento para os objetivos relevantes;
- o comportamento edificado no bem;
- a sinceridade no intercâmbio fraternal entre os membros que a constituem;
- o desinteresse pelas questões frívolas, imediatistas e vulgares do cotidiano;

- a vigilância na lucidez durante o transcurso da atividade, porquanto a mente sonolenta, a indisposição, o estado interior de modorra, constituem uma maneira poderosa de perturbar o fluxo da corrente vibratória do Mundo Espiritual para a Terra, e da Terra para o Mundo Espiritual [...] (FRANCO, 1994, cap. 53, it. I).

4.3 Bezerra de Menezes (Espírito)

Por fim, a acusação de que [reuniões mediúnicas] afetam pessoas portadoras de desequilíbrios nas áreas mental e emocional, não tem qualquer fundamento. Primeiro, porque o bom senso, que deve orientar os que dirigem esse admirável mister, *demonstra a impossibilidade de esses pacientes terem participação direta na reunião e depois, porque a orientação doutrinária ensina que a presença dos que se candidatam aos benefícios não é indispensável*, já que para os Espíritos as distâncias terrenas têm outra dimensão, dispensando-se, desse modo, aquela participação física. *Ainda aqui, é o despreparo de quem se arroga as condições de dirigente de sessões que responde pela incompetência*. [...] (FRANCO, 1987, cap. 16 – *Considerações sobre sessões mediúnicas*; grifo nosso).

Nesta passagem, é incontestável a posição do venerável mentor, quando apela para o *bom senso* dos dirigentes de reuniões mediúnicas, para que não introduzam os necessitados da desobsessão nas salas onde são recebidos os Espíritos sofredores, vingativos, homicidas, suicidas, galhofeiros, vampirizadores e outros, sob pena de ser o Espiritismo acusado de promover transtornos mentais nos participantes daquelas reuniões. Assegura que é dispensável a presença física daqueles pacientes, para que recebam os benefícios da Espiritualidade Superior.

Considera que procedimentos contrários ficam por conta dos respectivos dirigentes.

4.4 Vianna de Carvalho (Espírito)

— Será desaconselhável a presença do obsidiado em reunião de tratamento específico — desobsessão — sobretudo quando seu caso estiver em apreciação?

— Incontestavelmente, para que se realize o tratamento das obsessões, *não se torna condição essencial a presença do paciente.* Essa deve ser evitada, em razão do seu próprio estado de desequilíbrio psíquico e emocional. [...] Onde se encontre o paciente, os recursos de ajuda poderão ser-lhe direcionados. *O ideal é que o necessitado venha à primeira parte da reunião, a fim de participar dos estudos preparatórios, recebendo passes e sendo retirado depois*, quando se for iniciar a experiência prática, a de terapia com os desencarnados, retornando ao lar, onde deverá ficar em preces — se tiver possibilidade de fazê-las — *ou noutro cômodo da Instituição em atitude de concentração* (FRANCO, 1988, q. 11; grifo nosso).

4.5 Hermínio C. Miranda

Na minha opinião, somente em casos excepcionais se justifica a presença de pessoas estranhas ao grupo, nos trabalhos de desobsessão. Sob condições normais, ela não é necessária à tarefa que nos incumbe junto aos obsidiados que buscam o socorro de um grupo mediúnico. *Mais do que desnecessária, a presença de pessoas perturbadas, no ambiente onde se desenrola o trabalho mediúnico*, pode provocar incidentes e dificuldades insuperáveis. Sei que alguns dirigentes de grupo objetarão a esse radicalismo; julgo, porém, que, como regra geral, deve ser preservada a intimidade do trabalho mediúnico. *É preferível pecar por excesso de rigor a arriscar-se a pôr em xeque a harmonia e a segurança das tarefas. Em casos excepcionais, grupos que contem com excelente cobertura espiritual poderão admitir essa prática*, mas, é bom repetir, não como norma de procedimento. O grupo pode perfeitamente assistir os companheiros encarnados sob as provações da obsessão, sem introduzi-los no seu ambiente de trabalho. [...] (MIRANDA, 2017, cap. 2 – *As pessoas*, subit. 2.1.4 Os assistentes; grifo nosso).

Juntos, caro leitor ou leitora, podemos concluir que não existe uma proibição peremptória e absoluta dos Espíritos Superiores para que não se leve o obsidiado para dentro do recinto onde se realiza a desobsessão, da qual ele é carecente. É o estilo dos mentores a serviço do Cristo: nada impõem. Procedimento esse que aprenderam com o Mestre Jesus. Sugerem, inspirando-nos e escrevendo pelos médiuns missionários, o que de melhor devemos fazer para nosso bem e para o bem do Espiritismo, deixando-nos senhor do nosso livre-arbítrio e esperançosos que façamos o melhor uso dele.

Allan Kardec, após tomar conhecimento das desobsessões realizadas pelo grupo mediúnico de Marmande, França, assim se manifesta:

[...] Não poderiam ser levadas à conta da imaginação as curas operadas a distância, em pessoas que jamais foram vistas, sem o emprego de nenhum agente material. [...] (KARDEC, 2009, fev. 1866, *Curas e obsessões*).

5
Uso da fala antes e depois da reunião

No capítulo 11 – *Chegada dos companheiros*, o pupilo do ministro Clarêncio faz referência ao silêncio interno e externo que deve ser conservado pelos membros de equipe mediúnica. Nada de vozerio, tumulto, gritos, gargalhadas à chegada no recinto, adverte ele. Podemos acrescentar que se evite o arrastamento de mesas e cadeiras e uso de celulares no ambiente, impedindo o silêncio mental dos componentes. Não devemos esquecer que o local se assemelha a uma enfermaria de hospital, onde enfermos estão à espera para serem atendidos. Esse procedimento da valorização do silêncio deve ter começo ao se ultrapassar a primeira faixa magnética que protege a Instituição. A partir dali desligue-se os modernos aparelhos de comunicação, fugindo de conversas que desviam a mente de quem tem um dever a cumprir com os Espíritos amigos. Temas mundanos ou mesmo aqueles referentes ao conjunto familiar que nos trazem preocupações, não devem ser abordados. Cultivando-se a harmonia interior, os ruídos de fora não ecoam nem nos perturbam. Esforcemo-nos e façamos dentro de nós o silêncio preciso, emudecendo qualquer indisciplina mental.

No capítulo 12 – *Conversação anterior à reunião*, André Luiz chama-nos a atenção para a palestra entre os membros da equipe. Nesse sentido é necessário levar em consideração o poder energético que emana de uma conversa. A fala é a ferramenta principal usada no socorro àqueles que são conduzidos às reuniões de desobsessão, em nome do Médico Maior. Ora pelo diálogo, ora pela prece, será a fala sempre o emissor de força energética com a polaridade que dermos a ela. Adverte a mentora Joanna de Ângelis que "As conversações doentias são ácidos nos lábios da vida, queimando a esperança em todo lugar. [...]" (FRANCO, 2007, cap. 20 – *Conversações doentias*).

Os membros que compõem a equipe da reunião terão cuidado. Anedotários e comentários jocosos, queixas, apontamentos irônicos, replicação de noticiários escandalosos e deprimentes que dominam as mídias serão evitados, garantindo-se, assim, ambiente vibracional favorável ao sucesso dos acontecimentos vindouros.

Nos capítulos 58 – *Conversação posterior à reunião* e 61 – *Saída dos companheiros* o médico de Nosso Lar nos chama a atenção, mais uma vez, sobre a dimensão da fala, lembrando que os membros da equipe de desobsessão deverão valorizar a conversação, se for necessária, em nível elevado, ao término e na saída da reunião. Aconselha-nos que mantenhamos silêncio sobre os acontecimentos infelizes relacionados com os irmãos que foram atendidos, evitando, assim, a instalação de uma corrente mental com eles, promovendo-lhes mais sofrimentos e atraindo para nós os miasmas deletérios de que são portadores.

É admissível, ainda na avaliação dos trabalhos, relatarmos alguns detalhes ligados a esse ou aquele atendimento desde que nos sirvam de aprendizado sobre procedimentos adotados pela Espiritualidade ou algo inusitado no campo da fenomenologia. Tudo feito com a maior seriedade.

6
Transe mediúnico

Nos capítulos 16 – *Cadeiras*, 24 – *Médiuns esclarecedores* e 32 – *Manifestação de enfermo espiritual (I)* André Luiz alerta para cuidados que se deve ter com o médium em transe. No primeiro momento ele demonstra a preocupação com as cadeiras usadas pelos médiuns, que devem ter estrutura suficiente para conter possíveis impulsos e não colocar em risco o físico do seu usuário quando em transe. No segundo momento, sua preocupação é com o corpo do médium em transe, que somente deverá ser tocado pelo esclarecedor *somente quando necessário* e, finalmente, prepara o leitor para fazer referência a algumas atitudes naturais dos médiuns psicofônicos em transe.

É oportuno dizer que o transe mediúnico é condição *sine qua non* para que haja a comunicação dos Espíritos. Para os trabalhos normais em uma reunião mediúnica, cujo objetivo é o atendimento aos Espíritos sofredores, exigência nenhuma se faz ao dirigente ou ao esclarecedor para saber em que tipo e grau de transe os médiuns devem se colocar ou estão colocados para o sucesso do evento. No entanto, se aqueles companheiros possuírem noções de como funciona a mente do médium e o mecanismo da mediunidade naquele momento, buscarão recursos para favorecer o transe desde o início dos trabalhos, quando for necessário, providenciando para que o sensitivo alcance a sintonia ideal com a entidade comunicante.

6.1 Conceito de transe

Allan Kardec, em *O livro dos médiuns*, item 223, faz a seguinte pergunta ao Espírito:

> *No momento em que exerce a sua faculdade, o médium se encontra em estado perfeitamente normal?*
> "Às vezes se acha em estado de *crise* mais ou menos acentuado. É *o que lhe causa fadiga e por isso precisa de repouso*. Entretanto, na maioria das vezes, *seu estado não difere do estado normal*, principalmente quando se trata de médiuns escreventes" (KARDEC, 2016a; grifo nosso).

O Espírito não usou o termo *transe* para designar o momento em que alguém permanece num estado alterado de consciência, tal como acontece com o médium na condição de intermediário entre o Mundo Espiritual e o Material, ou com aquela pessoa que se submete a experiências hipnóticas, quando os sentidos materiais são gradativamente substituídos pelos da alma, no entanto, a resposta do Espírito é bastante atual já que, etimologicamente, a palavra *transe* significa "momento crítico, *crise*, lance". É semelhante àquele estado que todos experimentamos quando ficamos entre a vigília e o sono, permitindo a emersão de conteúdos da subsconsciência,[8] fazendo-nos ver figuras exóticas, imagens e paisagens. O transe pode ser entendido,

---
[8] N.A.: Subsconsciência ou pré-consciente (Freud) — seria um plano do consciente, diferente do inconsciente propriamente dito (inconsciente puro, ou "eu"), que está sob o superconsciente e somente emerge em certas circunstâncias.

também, como *um estado de baixa tensão psíquica*, quando se dá o estreitamento do campo da consciência, podendo acontecer a dissociação, ou seja, o desdobramento do perispírito. É importante saber que o estado de transe não significa a supressão da consciência, mas a sua interiorização. Mesmo nos estágios mais profundos, a consciência não se extingue e permanece vigilante, à maneira de sistema secundário, mas ativo. Exemplos significativos dessa vigilância são o caso do hipnotizado que não obedece ao magnetizador se a ordem dada contraria seus princípios morais; e o do médium sonambúlico que, embora não se lembre do que se passou durante o transe, esteve vigilante, consciente de tudo o que se passava no Plano Espiritual.

O poeta e filósofo do Espiritismo contribui para o entendimento do fenômeno, sintetizando magistralmente o que seja transe:

> O estado de transe é esse grau de sono magnético que permite ao corpo fluídico exteriorizar-se, desprender-se do corpo carnal, e à alma tornar a viver por um instante sua vida livre e independente. A separação, todavia, nunca é completa; a separação absoluta seria a morte. Um laço invisível continua a prender a alma ao seu invólucro terrestre. Semelhante ao fio telefônico que assegura a transmissão entre dois pontos, esse laço fluídico permite à alma desprendida transmitir suas impressões pelos órgãos do corpo adormecido. *No transe, o médium fala, move-se, escreve automaticamente; desses atos, porém, nenhuma lembrança conserva ao despertar* (DENIS, 2014, cap. 19 – *Transe e incorporações*; grifo nosso).

Provavelmente o mestre Denis faz referência ao transe sonambúlico ao afirmar que o médium "nenhuma lembrança [do que aconteceu] conserva ao despertar". Sugerimos ao leitor ou leitora se debruçar sobre a obra referenciada, pois ela nos parece ser um desdobramento de *O livro dos médiuns*, oferecendo lindas dissertações e fatos dos anais da história do Espiritismo, ampliando magistralmente nosso conceito e entendimento sobre a mediunidade.

6.2 Graus do transe

O transe mediúnico tem diversos graus. O primeiro seria de grau superficial, onde não há amnésia lacunar,[9] e o último, o transe de grau profundo ou denominado sonambúlico, em que o médium se caracteriza pela extrema sugestionabilidade e amnésia lacunar plena, podendo recuperar, com certo gasto de energia mental, alguns detalhes do acontecido, se assim o desejar. Durante o transe mediúnico há preservação da consciência, como dito acima, mesmo que ele seja provocado por hipnose.

No transe superficial o médium se recorda de quase todos os acontecimentos, colaborando diretamente na transmissão da mensagem do Espírito comunicante. Se for médium principiante, costuma ter dúvidas se de fato esteve em transe, pois se manteve plenamente consciente do que se passou, admitindo que houve animismo e não fenômeno mediúnico.

No médium intuitivo o transe é bastante superficial. Não se observa nenhuma alteração em sua fisionomia nem no seu modo de agir. Não existe uma passividade acentuada. O médium recebe o pensamento do Espírito e o transmite, segundo a sua concepção. Poetas, romancistas, pintores, palestrantes e muitos outros profissionais são intuídos sem perceberem.

O transe parcial, também chamado semiconsciente, conduz o médium, ou para o estado de memória desperta em relação

---

[9] N.A.: Amnésia lacunar – perda da memória relacionada a determinados eventos. O esquecimento de alguns dados na lembrança de fatos, situações ou acontecimentos vividos ou referentes a um lapso de tempo (a pessoa perderia a noção de tempo, hora ou períodos específicos).

a alguns acontecimentos, ou para o de lembrança apagada em relação a outros. Às vezes, o médium se recorda da mensagem do Espírito comunicante nos momentos imediatos à comunicação, esquecendo-a completamente com o passar do tempo.

No transe profundo, raramente as recordações dos acontecimentos decorrentes chegam à consciência do médium. No entanto, na prática mediúnica é possível não ocorrer amnésia total, quando alguma coisa pode ser lembrada, pois o médium estará sempre consciente do que se passa e, por isso, será sempre responsável pelo Espírito que se hospeda na sua morada carnal, já que não perde totalmente a ligação com sua *consciência*, pois ela permanece vigilante, à maneira de sistema secundário, porém não menos ativa. Há sempre uma lembrança subliminar.[10]

Um exemplo bastante instrutivo e esclarecedor do mecanismo do transe profundo, que se dá com o médium sonambúlico, o leitor ou a leitora encontrará no capítulo 8 – *Psicofonia sonambúlica* do livro *Nos domínios da mediunidade* (XAVIER, 2015b).

6.3 Indução ao transe mediúnico

A busca do transe pelo próprio médium apresenta-se, às vezes, um tanto difícil em razão de sua desfavorável condição física ou psíquica, fazendo-o sofrer a ansiedade de não conseguir se conectar com o Plano Espiritual. É comum o médium confessar que sente a presença de certa entidade, mas não consegue captar o que ela pretende ou como favorecer a *incorporação*, seja um Espírito sofredor, um obsessor ou um colaborador da equipe espiritual. Nesse momento, o esclarecedor tomará a iniciativa de

---

[10] N.A.: Subliminar – que é subentendido nas entrelinhas ou se faz por associação de ideias. Diz-se de uma propaganda que, indiretamente divulga o que se pretende. Algo que não ultrapassa o limiar da consciência, que não é suficientemente intenso para penetrar na consciência, mas que, pela repetição ou por outras técnicas, pode atingir o subconsciente, afetando as emoções, desejos, opiniões.

cooperar para que o médium saia do estado de alerta e alcance a ansiada comunicação. Sugerimos os seguintes procedimentos:

- Fazer prece que promova energias irradiantes, saturando o ambiente e afetando diretamente a mente do médium.
- Manter conversa afetuosa e indutora com o médium, encorajando-o e lembrando-lhe da necessidade de silêncio interior e do auxílio que está recebendo dos mentores espirituais para o cumprimento do seu dever.

6.4 Condições psíquicas do médium em transe

O médium em transe tem a sua mente tomada pelas imagens mentais transmitidas pelo Espírito comunicante. Capta, igualmente, as emoções e o estado psicológico da entidade que deseja comunicar-se. Se é um Espírito em sofrimento, com a mente cristalizada em alguém, em alguma coisa ou numa determinada época, o médium costuma dizer que *vê* quadros, ou que *está* em algum lugar que desconhece e o descreve, mas, na maioria das vezes, apenas está refletindo a mente perturbada do Espírito que se aproximou para se comunicar. Pode acontecer que o médium, *quando em desdobramento*, visite regiões de baixo teor vibratório e relate o que está presenciando realmente. Neste caso, muitas vezes, ele se diz temeroso, pois não sabe o que vai lhe acontecer. É o momento de o esclarecedor convencê-lo e assegurar-lhe de que não está só; afiançando-lhe que está ao seu lado; que deve confiar na Espiritualidade que o(a) levou até ali; que ela também está lhe protegendo. Esse encorajamento é de suma importância para que o desdobramento não aborte por falta de apoio ao sensitivo. Para melhor compreender a dificuldade que o médium em desdobramento apresenta, releia o capítulo

11 – *Desdobramento em serviço* do livro *Nos domínios da mediunidade*, e capítulos 5 e 6 do livro *Diversidade dos carismas*, de Hermínio C. Miranda.

6.5 Saída do transe mediúnico

Aprendemos que o transe mediúnico tem graus variados, indo do superficial ao profundo. Se não há um médium exatamente igual ao outro com relação as suas faculdades, podemos admitir, também, que não haverá transe igual entre eles. Para cada caso uma atenção especial, principalmente quando do seu retorno à consciência plena.

O desligamento da entidade que está se comunicando *não deve acontecer bruscamente*, necessitando o médium retornar ao seu estado psíquico normal gradativamente. Após o término da conversa com o Espírito sofredor, o esclarecedor deverá acompanhar atentamente seu desligamento, observando os sintomas do(a) médium: sensação de ansiedade, dificuldade de respirar, olhos abertos fixos em algum ponto ou se movimentando, expressão facial distinta, entonação da voz, estarão demonstrando que ele ainda está saturado com as energias de baixo teor deixadas no seu perispírito pelo Espírito atendido. Essas observações ajudam muito a concluir se o médium saiu do transe ou não. O esclarecedor somente se afastará dele após responder com firmeza de voz: *Estou bem*! Mesmo assim, houve casos em que, depois de nos afastarmos do médium, porque nos disse que *estava bem*, logo depois retornamos, a seu pedido, e percebemos, pelo seu incômodo na cadeira e pela sua respiração ofegante e os globos oculares se movimentando, que ainda estava em semitranse. Nesses casos, quando não se tratar de uma passividade sequencial, que esporadicamente acontece, sugerimos a aplicação de passes dispersivos ao longo do corpo, começando pela cabeça, ordenando-lhe que se liberte da influência que o prejudica. É fundamental nesse momento a segurança e confiança nos irmãos responsáveis pela administração dos trabalhos no Plano Invisível.

7
Passes

7.1 Médium passista

No capítulo 20 – *Componentes da reunião* lemos a seguinte recomendação sobre os médiuns passistas: "[...] além dos deveres específicos que lhes assinala, servirão, ainda, na condição de elementos positivos de proteção e segurança para os médiuns psicofônicos [...]" (XAVIER; VIEIRA, 2017).

Essa recomendação exalta a responsabilidade do médium passista, não devendo acreditar que somente é útil na transmissão das energias físico-espiritual, tanto para os médiuns quanto para as entidades socorridas. No espaço de tempo em que fica à espera da oportunidade de servir mais diretamente, *manterá seu campo mental elevado, envolvendo médiuns psicofônicos e esclarecedores* no cumprimento de suas tarefas. Dessa forma, poderão ser também denominados de *médiuns de sustentação*. Deverão manter um cuidado ativo, ficando vigilante à espera de serem convocados, no transcurso da reunião, para servirem com devotamento e espontaneidade. O uso do pensamento é de vital importância na ajuda aos esclarecedores.

Sob o efeito do pensamento e da vontade, criamos e externamos forças ideoplásticas que nutrem não só os nossos desejos e aspirações íntimos, mas materializam nossas metas e objetivos na vida. Desta forma, em qualquer tarefa que executemos, por menor e mais simples que seja, o pensamento e a vontade representam o alimento essencial que norteiam nossos atos, bons e infelizes (MOURA, 2016, cap. 3 – *Mecanismos do passe*, it. 3.1 Pensamento e vontade).

Além do uso da mente devidamente fortalecida, criando pensamentos elevados que irão contribuir com os mentores espirituais e com o esclarecedor, a função do passista se reveste da mais alta importância, desde que alicerçada nos sentimentos mais puros da mais pura fraternidade. E, por essa razão, deve ele buscar cada vez mais conhecimentos, realizando estudos específicos sobre sua atividade. Em outra de suas obras, aconselha André Luiz:

> Decerto, o estudo da constituição humana lhes é naturalmente aconselhável, tanto quanto ao aluno de enfermagem, embora não seja médico, se recomenda a aquisição de conhecimentos do corpo em si. [...]
> O investimento cultural ampliar-lhe-á os recursos psicológicos, facilitando-lhe a recepção das ordens e avisos dos instrutores que lhe propiciem amparo, e o asseio mental lhe consolidará a influência, purificando-a, além de dotar-lhe a presença com a indispensável autoridade moral, capaz de induzir o enfermo ao despertamento das próprias forças de reação (XAVIER; VIEIRA, 2016, cap. 22 – *Mediunidade curativa*, it. Médium passista).

E as recomendações do mentor não param aí. Enfatiza a necessidade do seu crescimento moral e espiritual, bem como a busca do equilíbrio mental para melhor desempenho de sua nobre tarefa.

> [...] O missionário do auxílio magnético, na crosta ou aqui em nossa esfera, necessita ter grande domínio sobre si mesmo, espontâneo equilíbrio de sentimentos, acendrado amor aos semelhantes, alta compreensão da vida, fé vigorosa e profunda confiança no Poder Divino. Cumpre-me acentuar, todavia, que semelhantes requisitos, em nosso plano, constituem exigências a que não se pode fugir, quando, na esfera carnal, *a boa vontade sincera, em muitos casos, pode suprir essa ou aquela deficiência, o que se justifica, em virtude da assistência prestada pelos benfeitores de nossos círculos de ação ao servidor humano, ainda incompleto no terreno das qualidades desejáveis* (XAVIER, 2017c, cap. 19 – Passes; grifo nosso).

7.2 Passes durante o esclarecimento

Este é um tema um tanto desconsiderado pelos diretores e esclarecedores de reuniões de desobsessão. Os estudiosos do assunto e a Espiritualidade ensinam que há o momento certo para a aplicação do passe nas entidades que estão sendo socorridas, bem como o tipo de passe a ser aplicado. Algumas interrogações são colocadas aqui para nossa reflexão e busca de respostas:

- Passe longitudinal, dispersivo ou somente a imposição das mãos no centro de força coronário?
- Passe dirigido ao médium ou ao Espírito?
- Passe no início da mediunização ou após o médium sair do transe?
- Passe imediato, quando o Espírito se apresenta com sinais de sofrimento?

O Espírito Philomeno de Miranda insiste na moderação e cautela na aplicação de passe durante os atendimentos aos Espíritos sofredores ou obsessores:

> *Os passes, durante a doutrinação dos Espíritos, devem ser usados com moderação e cautela, somente quando sua aplicação seja indicada.* Neste particular devemos copiar a Natureza — ela nunca se utiliza de recursos que não estão sendo reclamados e jamais consome energia além do necessário. Devemos ter sempre em mente que, quando o Espírito incorpora no médium dá-se uma imantação e através do *choque anímico* começa a fluir energia num circuito de ida e de volta, do médium para o Espírito e desse para aquele, num sistema energético que é ajustado e controlado pelo mentor espiritual, a funcionar como um verdadeiro "técnico" em eletrônica espiritual ou transcendental. Ora, se o nível de energia estiver bom, isto é, a comunicação do médium se expressando equilibrada e controladamente, não há necessidade alguma de passes, *não sendo de estranhar que estes possam ser mais prejudiciais que úteis, por constituírem uma energia externa nem sempre bem dosada e corretamente aplicada.* Imaginemo-la em excesso: poderá causar irritação; imaginemo-la aplicada com uma técnica dispersiva: agirá no sentido de desimantar, podendo arrefecer a energia da comunicação, afrouxar os contatos mediúnicos e até fazer cessar a transmissão da mensagem. [...] (MIRANDA, 2000, Pt. 3, *Passes*, q. 96; grifo nosso).

Como vimos o passe não é somente a transfusão de energias, alterando o campo celular do paciente, mas, também, impulso magnético que pode ser adotado para se promover a regressão espiritual, quando o Espírito perverso se mostra irredutível, não admitindo a Lei de Causa e Efeito para explicar o que se passa com ele. Esse procedimento objetiva à recuperação emocional dos Espíritos sofredores. Geralmente essa decisão é tomada pelo esclarecedor, quando seguro de sua atuação e bem inspirado pelos mentores.

> A técnica fundamental para fazer com que um Espírito incursione no seu passado, a fim de libertar-se de conflitos e traumas é, sem dúvida, *a sugestão que poderá ser induzida, ou não, por passe. Convém salientar, todavia, que a maior contribuição ao processo provém dos mentores espirituais, inspirando os doutrinadores*, produzindo por ideoplastia quadros e cenas para serem observados pelas entidades assistidas ou facultando a visão de seres espirituais a elas vinculados, quando tais presenças possam facilitar a eclosão das lembranças ou infundir coragem para os pacientes se desvelarem. [...] (MIRANDA, 2000, Pt. 3, *Regressão de memória espiritual*, q. 103; grifo nosso).

O passe dispersivo ajuda, também, a desintegrar certos apetrechos que costumam usar as entidades malfazejas, tais como capacetes, armaduras, objetos imantados, armas, símbolos, vestimentas especiais etc. Ainda com o passe dispersivo podemos aliviar dores que os Espíritos julgam totalmente *físicas*, pois se localizam muito realisticamente em pontos específicos de seus perispíritos. É, ainda, o passe que pode ajudá-los a livrar-se da indução hipnótica alheia ou da auto-hipnose a que se submete pela sua baixa estima.

8
Campo mental

No capítulo 22 – *Ausência justificada* o cidadão de Nosso Lar faz referência ao *campo mental do grupo* que poderá se desestabilizar pela *ausência não justificada de algum companheiro*. Tal medida se faz necessária levando em conta o hábito que temos de fazer previsões não felizes pela falta de um dos irmãos. O suspense afetará o campo mental do conjunto, influindo no andamento dos trabalhos e nos seus resultados. Diante disso é obvio dever-se evitar, antes da reunião, divulgar notícia que cause preocupação, ansiedade e desequilíbrio emocional.

No capítulo 34 – *Manifestação de enfermo espiritual (III)* ele nos ensina "[...] que a parte essencial do entendimento é atingir o *centro de interesse* do Espírito preso a ideias fixas, para que se *descongestione o campo mental*, devem [os esclarecedores] abster-se, desse modo, de qualquer discurso ou divagação desnecessária" (XAVIER; VIEIRA, 2017; grifo nosso).

Ainda com relação ao tema nos ensina alhures:

Com referência ao assunto, é imperioso salientar que *se desconhece ainda, no mundo, a lei do campo mental*, que rege a moradia energética do Espírito, segundo a qual a criatura consciente, seja onde for no Universo, apenas assimilará as influências a que se afeiçoe.

Cada mente é como se fora um mundo de *per si*, respirando nas ondas criativas que despede — ou na psicosfera em que gravita para esse ou aquele objetivo sentimental, conforme os próprios desejos —, sem o que a lei de responsabilidade não subsistiria (XAVIER; VIEIRA, 2016, cap. 17 – *Efeitos físicos*, it. Lei do campo mental; grifo nosso).

Os Espíritos sofredores ou equivocados em relação à dinâmica da vida se mantêm em campo mental enfermiço, necessitando de ajuda para dele se libertarem. De modo geral, apresentam-se com a *mente cristalizada* em alguém, em alguma coisa, em algum fato ou lugar.

As doenças, segundo Kardec, são resultado das imperfeições físicas que deixam o corpo acessível às influências exteriores. De forma parecida ocorre a obsessão, que

> decorre sempre de uma imperfeição moral, que dá ascendência a um Espírito mau. A uma causa física opõe-se uma força física; a uma causa moral é preciso que se contraponha uma força moral. Para preservar o corpo das enfermidades, é preciso fortificá-lo; para garantir a alma contra a obsessão, tem-se que fortalecê-la. Daí, para o obsidiado, a necessidade de trabalhar pela sua própria melhoria, o que na maioria das vezes é suficiente para livrá-lo do obsessor, sem o socorro de pessoas estranhas. Este socorro se torna necessário quando a obsessão degenera em subjugação e em possessão, porque neste caso o paciente não raro perde a vontade e o livre-arbítrio (cap. 14, it. 46).

O pensamento desenha e corporifica tudo o que a vontade impõe no campo de trabalho em que atuamos. Por isso que a sala de reunião mediúnica é devidamente preparada pelos técnicos espirituais dedicados a esse fim. O Espírito fora do corpo age condensando os fluidos que o circundam, os quais assumem expressões *materiais*: são aquelas visões que nos dizem que estão lhes perturbando. Daí o desespero de muitos diante dos panoramas por eles criados e conservados pelas energias persistentes do ódio. É o momento de o esclarecedor, com seu campo mental enobrecido, amparado pelos técnicos à disposição para servir, se predispor à intuição e afastar o enfermo do foco de suas angústias que lhe fazem sofrer, desfazendo o triste panorama do qual se sente prisioneiro.

9
Médium esclarecedor

Salvo melhor juízo, foi o Espírito André Luiz que, na obra em estudo, introduziu o termo *esclarecedor*. No capítulo 20 – *Componentes da reunião* ele orienta que "[...] Num grupo [mediúnico] de 14 integrantes, por exemplo, trabalharão dois a quatro médiuns esclarecedores [...]" (XAVIER; VIEIRA, 2017).

E no capítulo 24 – *Médiuns esclarecedores* ele ressalta a importância que tem a referida função:

> Na equipe em serviço, os médiuns esclarecedores, *mantidos sob a condução e inspiração dos benfeitores espirituais*, são os orientadores da enfermagem ou da assistência aos sofredores desencarnados. [...]
> Naturalmente que a esses companheiros compete *um dos setores mais importantes da reunião* (XAVIER; VIEIRA, 2017; grifo nosso).

São os esclarecedores, no plano material, auxiliares diretos dos amigos espirituais que os monitoram sem, no entanto, tolherem o seu livre-arbítrio, contando sempre com suas provisões espirituais e intelectuais para melhor atuarem junto com eles. Essa certeza deve soar em nosso íntimo como um apelo para buscar melhorar cada vez mais o nosso desempenho naquela função, em virtude da extrema responsabilidade que nos compete. A partir de uma colheita feita no livro *Desobsessão* e em outros livros que estudam o tema, elencamos, resumidamente, as tarefas a serem executadas pelo esclarecedor e comportamentos a serem conquistados por ele, objetivando o melhor resultado do seu atendimento:

- *Guardar atenção no campo intuitivo*, a fim de registrar, com segurança, as sugestões e os pensamentos dos benfeitores espirituais que comandam as reuniões.
- *Tocar no corpo* do médium em transe somente quando necessário.
- Estudar os *casos de obsessão*, surgidos na equipe de médiuns psicofônicos, *que devam ser tratados na órbita da psiquiatria*, a fim de que a assistência médica seja tomada na medida aconselhável.
- Cultivar o *tato psicológico*, evitando atitudes ou palavras violentas, mas *fugindo da doçura sistemática que anestesia a mente* sem renová-la, na convicção de que é preciso *aliar raciocínio e sentimento, compaixão e lógica*, a fim de que a aplicação do *socorro verbalista alcance o máximo rendimento*.
- Deduzir, nos primeiros momentos da conversação com o Espírito sofredor, qual o sexo a que tenha pertencido, para que o diálogo se efetue na linha psicológica ideal.
- Detectar existência de animismo inconsciente por parte do médium ou misticismo por parte do Espírito.
- Anular qualquer intento de discussão ou desafio com a entidade comunicante.

- Lembrar que nem sempre a desobsessão real consiste em desfazer o processo obsessivo, de imediato, pois o atendimento, somente em casos excepcionais, deverá ultrapassar, o tempo de dez minutos.
- Praticar as hipnoses benéfica e construtiva, quando necessárias.
- Permitir que os Espíritos sofredores manifestem suas emoções e suas dores pelos médiuns, mantendo a integridade física desses e que a dignidade do recinto seja respeitada.
- Compreender que a parte essencial no entendimento com o Espírito sofredor é *atingir o centro de interesse do Espírito preso a ideias fixas.*
- Descongestionar o campo mental do sofredor, abstendo-se de qualquer discurso ou divagação desnecessária.
- Perceber que os Espíritos manifestantes correspondem às tendências, características, formação moral e cultural do médium que os recepcionam, surgindo aí a especialidade mediúnica, que deve ser compreendida e respeitada.
- Permanecer atento aos característicos dos manifestantes, tais como: os comparecentes pela primeira vez, os reincidentes, os companheiros infelizes do pretérito alusivo aos integrantes da reunião, os recém-desencarnados em desorientação, os suicidas, os homicidas, os zoantropos, os acometidos de loucura, os obsessores, os irmãos tocados de exotismo, os estrangeiros, os sarcásticos, os galhofeiros e os vampirizadores entre outros.

Por oportuno, relembremos aqui o ensinamento e conselho do mentor Emmanuel:

Antigamente, a abordagem de semelhantes companheiros era obscura e quase que impraticável. Hoje, porém, com a mediunidade esclarecida, é fácil aliviá-los e socorrê-los.

Podes, assim, vê-los e ouvi-los, nos círculos medianímicos, registrando-lhes as narrativas inquietantes e as palavras amargosas; no entanto, ajuda-os com respeito e carinho, como quem socorre amigos extraviados.

Não te gabes, porém, de doutriná-los e corrigi-los, porque a Divina Bondade nos permite atendê-los, buscando, com isto, corrigir-nos e doutrinar-nos na Terra e além da Terra, a fim de que saibamos evitar todo erro, enquanto desfrutamos o favor do bom tempo (XAVIER, 2016g, cap. 55 – *Espíritos perturbados*).

9.1 Doutrinar ou esclarecer?

Sabe-se que a denominação ou o título dado a uma determinada pessoa faz com que ela pense de si mesmo, de forma inconsciente, o que o título inspira. Quando alguém é colocado diante de um grupo de pessoas, na condição de *professor*, sentir-se-á ele com a responsabilidade de *ensinar* algo àqueles que estão à sua frente, mas se ele for considerado como *facilitador* do processo ensino-aprendizagem, sua prontidão psicológica e seu relacionamento interpessoal será outro: *atuará para promover a aprendizagem*, levando em conta o axioma de que ninguém ensina nada a quem não quer aprender.

Esse fato psicológico acontecia com aqueles irmãos de boa vontade, interessados em ajudar os Espíritos aflitos que, como *doutrinadores* deviam *doutrinar*. Ouvi muitos deles insistindo com o desencarnado perturbado que ele deveria estudar *O livro dos espíritos* ou *O evangelho segundo o espiritismo*; que tinham que perdoar, conforme nos ensinou Jesus e, até mesmo, encaminharem os obsessores para uma determinada escola onde deveriam aprender a Lei de Causa e Efeito...

Emmanuel estabelece muito claramente a diferença entre *doutrinar* e *evangelizar*, na questão 237 de *O consolador*:

> Existe diferença entre doutrinar e evangelizar?
> — Há grande diversidade entre ambas as tarefas. Para doutrinar, basta o conhecimento intelectual dos postulados do Espiritismo; para evangelizar é necessária a luz do amor no íntimo. Na primeira, bastarão a leitura e o conhecimento, na segunda, é preciso vibrar e sentir com o Cristo. Por estes motivos, o doutrinador, muitas vezes não é senão o canal dos ensinamentos, mas o sincero evangelizador será sempre o reservatório da verdade, habilitado a servir às necessidades de outrem, sem privar-se da fortuna espiritual de si mesmo (XAVIER, 2016b).

Esclarecer, ou evangelizar, significa, portanto, tornar clara alguma ideia, tirando as dúvidas que alguém possa ter a respeito de algo; tornar compreensível; elucidar. Durante o atendimento ao irmão desencarnado, esse procedimento é feito com base nos postulados espíritas, iluminados pela luz do Evangelho, não havendo o interesse imediato de se doutrinar no sentido estrito da palavra. O esclarecedor atende, acolhe, dá atenção, fica disponível para ouvir atentamente, examina a condição mental e emocional do desencarnado e se esforça para ajudar na solução do problema apresentado por ele.

Doutrinar não se alinha com esses procedimentos e pode ter sido essa a razão por que o Espírito André Luiz resolveu chamar o antigo *doutrinador* de *esclarecedor*, pois a função do primeiro não deveria ser a de fazer o Espírito atendido pensar como ele, mas sim, a de atender as suas necessidades no momento em que é socorrido, carecendo de amparo fraterno e evangélico, pelo diálogo aberto, racional e construtivo.

Daí para frente o epíteto *doutrinador* passou a ser questionado e substituído por alguns grupos mediúnicos, pelo de *esclarecedor*. A valorosa e profícua escritora mineira Suely Caldas não deixa dúvidas quanto ao conceito do termo *esclarecer* para as reuniões de desobsessão:

> Esclarecer, em reunião de desobsessão, é clarear o raciocínio; é levar uma entidade desencarnada, por meio de uma série de reflexões, a entender determinado problema que ela traz consigo e que não consegue resolver; ou fazê-la compreender que as suas atitudes representam um problema para terceiros, com agravantes para ela mesma. É levá-la a modificar conceitos errôneos, distorcidos e cristalizados, por intermédio de uma lógica clara, concisa, com base na Doutrina Espírita e, sobretudo, permeada de amor (SCHUBERT, 2018, Pt. 3, cap. 6 – *O doutrinador*).

Em razão da ampla e diversificada clientela espiritual da *reunião de desobsessão*, amplia-se consideravelmente a função do esclarecedor, exigindo-se dele flexibilidade para diversificar sua atuação diante de cada um dos Espíritos manifestantes, desempenhando os papéis de *conciliador, conselheiro, consolador, enfermeiro, evangelizador, magnetizador, médico, paramédico, persuasor, pastor, padre* etc.

Tudo progride, tudo muda, as concepções se alteram e somente aquelas que são expressões da verdade permanecem. Exorcizar, doutrinar, esclarecer, dialogar e atender... As intenções dos homens, sem dúvida, sempre foram a de ajudar, no entanto, os métodos nem sempre foram concernentes com os princípios da fraternidade vividos e ensinados por Jesus. Não concebiam que o possuidor e possuído, obsessor e obsidiado, influenciador e influenciado são vítimas de si mesmos segundo a Lei de Causa e Efeito. Eis por que devemos acolher os dois com a compreensão e o entendimento que a Doutrina Espírita nos dá, não trabalhando para afastar um do outro, mas, sim, para reuni-los pela força do perdão. Acolhamos, portanto os obsessores e obsidiados, ajudando-os a se reconciliarem enquanto estão a caminho, conforme nos ensinou o Mestre Jesus.

9.2 Tato psicológico

[...] cultivar o tato psicológico, evitando atitudes ou palavras violentas, mas fugindo da doçura sistemática que anestesia a mente sem renová-la, na convicção de que preciso aliar raciocínio e sentimento, compaixão e lógica, a fim de que a aplicação do socorro verbalista alcance o máximo rendimento (XAVIER; VIEIRA, 2017, cap. 24 – *Médiuns esclarecedores*).

No capítulo citado, André Luiz faz referência ao *tato psicológico* e deixa claro que nele se inclui as *atitudes*, *palavras*, *sentimento*, *emoção* e *raciocínio*, chamando-nos a atenção para que essas virtudes e habilidades sejam devidamente trabalhadas em conjunto, dando ao socorrista a segurança de que ele necessita para alcançar o melhor resultado no seu atendimento. Pedimos licença ao leitor para ampliar um pouco mais esse conceito do ponto de vista racional, admitindo que os valores espirituais somente o tempo e o esforço na autoevangelização nos permitirão conquistá-los.

Notamos que os autores de obras que tratam do esclarecimento aos desencarnados falam da expressão *tato psicológico*, insistindo que essa é uma das aptidões necessárias ao esclarecedor para melhor desempenho no diálogo com os Espíritos sofredores e equivocados, mas não desenvolvem um conceito sobre ele.

Oferecendo a nossa contribuição, comecemos lembrando que *tato* é um dos cinco sentidos que nos colocam em relação com o mundo exterior que nos cerca. Mesmo sem o uso do olfato, da visão e da audição, seremos capazes de identificar, pelo tato, total ou parcialmente, as características físicas de um objeto ou de uma pessoa. O ato de apalpar, de tatear nos dá informações preciosas, mas que nem sempre lhes damos o devido valor, porque nos distraímos com a atuação antecipada dos outros sentidos. Para quem esteja privado da visão, por exemplo, o tato é uma valiosa e indispensável ferramenta para reconhecer as coisas que ele tem à mão. Quando em atendimento, o esclarecedor está privado da visão, daí a necessidade de desenvolver o uso do *tato psicológico*.

Quando falamos em *tato psicológico* estamos usando a expressão no sentido metafórico, dando a entender que podemos *apalpar com a mente*, com o sentido psíquico, agindo com cautela, com prudência, com habilidade, aliada aos sentimentos. Não se tem dúvidas de que o *tato psicológico* é filho da virtude de saber ouvir com atenção e empatia. Se os problemas que defrontamos são delicados, é preciso *tato* para abordá-los com segurança e encaminhar-lhes soluções.

Uma prática que muito ajuda no aprimoramento do *tato psicológico* é o esclarecedor valorizar a comunicação não verbal, isto é, observar o que o corpo do médium está dizendo sobre o estado psicológico do Espírito comunicante. Enquanto conversa com a entidade, observe atenciosamente as expressões faciais e corporais do(a) médium, manifestando as condições psíquicas do Espírito, assinalando, de certa forma, qual será a natureza do diálogo a ser com ele desenvolvido.

9.3 Campo intuitivo

A intuição é uma faculdade extremamente útil para aquele que atua no atendimento aos desencarnados e, portanto, se faz necessário desenvolvê-la. O termo vem do latim *intuitiōne*, significando imagem refletida por um espelho. Ampliando um pouco mais o nosso entendimento, os dicionaristas ensinam que a intuição é o ato de discernir; que é uma percepção clara e imediata de alguma coisa; discernimento instantâneo. O filósofo do Espiritismo admite que:

> A intuição não é, pois, as mais das vezes, senão uma das formas empregadas pelos habitantes do Mundo Invisível para nos transmitirem seus avisos, suas instruções. *Outras vezes será a revelação da consciência profunda à consciência normal. No primeiro caso pode ser considerada como inspiração.* Pela mediunidade o Espírito infunde suas ideias no entendimento do transmissor. [...]
> [...]
> Quase todos os autores, escritores, oradores e poetas são médiuns em certos momentos; têm a intuição de uma assistência oculta que os inspira e participa de seus trabalhos. Eles mesmos assim o confessam nas horas de expansão (DENIS, 2016, Pt. 3, cap. 21 – *A consciência. O sentido íntimo*; grifo nosso).

Quanto ao desenvolvimento dessa preciosa faculdade, ouçamos Emmanuel, em *O consolador*, questão 122. Ele ensina que "O campo do estudo perseverante, com o esforço sincero e a meditação sadia, é o grande veículo de amplitude da intuição, em todos os seus aspectos" (XAVIER, 2016b).

A preservação do campo intuitivo é de fundamental importância para todos os que lidam com a mediunidade e, em especial, para quem se propõe a receber *recados* objetivos da Espiritualidade para repassar aos necessitados deste e do Plano Espiritual.

Aquelas ideias inexplicáveis, que não se baseiam em nada do que a gente saiba conscientemente, mas que costumam ter alguma razão e que somente depois de executada a "ordem" e avaliado os resultados é que descobrimos que fomos intuídos a agir ou a falar. A experiência vai nos ensinando e nos automatizando a obedecer às intuições dos bons Espíritos. Diz-nos Emmanuel:

> Antes de tudo, é preciso compreender que tanto quanto o tato é o alicerce inicial de todos os sentidos, *a intuição é a base de todas as percepções espirituais* e, por isso mesmo, toda inteligência é médium das forças invisíveis que operam no setor de atividade regular em que se coloca (XAVIER, 2016f, cap. 27 – *Mediunidade*; grifo nosso).

9.4 O corpo do médium

É importante, tanto para o esclarecedor quanto para o passista, estarem em alerta para não tocar o corpo do médium quando ele estiver em transe. Tal procedimento será somente permitido em situações extremas, quando o sensitivo ameaçar levantar-se, perder o equilíbrio na cadeira ou ensaiar a manifestação de um ato agressivo.

A recomendação de *não tocar no médium* deverá ser respeitada ao máximo pois, quando em transe, ao ser tocado poderá retornar dele de forma abrupta, sofrendo desagradáveis sensações físicas e psíquicas. Não somente o cuidado de tocar-lhe, mas, também, o de não se aproximar demais do médium, enquanto ouve ou fala com a entidade incorporada.

> [...] Postura correta é o doutrinador colocar-se *atrás ou ao lado do médium em transe, evitando aproximar o seu rosto do dele, para não invadir o campo de aura do sensitivo,* resguardando-o assim de constrangimentos e irritação. Caso o médium esteja falando baixo, o doutrinador pedirá para alterar um pouco mais o

tom de voz em vez de se inclinar em demasia sobre seu corpo (MIRANDA, 2000, Pt. 3, *Doutrinadores*, q. 86; grifo nosso).

9.5 Doçura sistemática no falar

Há necessidade de o esclarecedor colocar energia nas palavras dirigidas à entidade que lhe ouve. Quando falamos de *energia* não estamos nos referindo ao volume da voz, mas sim, de revestir cada som emitido com a segurança necessária, com autoridade, se for preciso, sem deixar de ser amoroso. Nós, encarnados, somos levados ao sono ou bocejo quando ouvimos um palestrante desenvolver o seu tema por meio de um discurso monocórdico, meloso e sem energia que nos faça vibrar e nos chame a atenção. Por isso carregue as suas frases com energia, sem dispensar a compreensão e a fraternidade com quem fala. Eduque a voz para que ela seja a moldura digna de sua imagem.

9.6 Recursos energéticos de propriedade do esclarecedor

São essenciais e determinantes os recursos energéticos os quais o esclarecedor possui e pode dispor para obter os melhores resultados possíveis na sua prestação de serviço ao desencarnado. São eles a *fé*, o *pensamento*, a *fala* e a *oração*.

9.6.1 A fé

A fé é uma posse antecipada do que se espera, um meio de demonstrar as realidades que não se veem. – PAULO (*Hebreus*, 11:1)

Só os médiuns videntes poderão ter a oportunidade de ver os Espíritos nas reuniões mediúnicas. Os atendentes raramente o são. Daí o imperativo de o esclarecedor ter fé naquilo que não vê. Ele deverá ter a certeza absoluta de que não somente as entidades que se manifestam pela mediunidade estão presentes, mas, antes de tudo, os Espíritos Superiores que programam e administram a reunião. São eles que estabelecem a ordem dos atendimentos, asseguram a disciplina entre os revoltosos e impacientes, inspiram-nos a fazer e dizer o melhor para os enfermos e atraem do Alto os recursos que o Mestre Jesus não nos nega jamais. Sem essa certeza nada faremos de concreto e duradouro.

Em *O evangelho segundo o espiritismo*, capítulo 19, item 12 (KARDEC, 2018b), aprendemos de um Espírito protetor, conceitos muito significativos a respeito da fé humana e da fé divina. Eis alguns trechos:

> No homem, a fé é o sentimento inato de seus destinos futuros; é a consciência que ele tem das faculdades imensas depositadas em germe no seu íntimo, a princípio em estado latente, e que lhe cumpre fazer que desabrochem e cresçam pela ação da sua vontade.
>
> [...] o que pode o homem, quando tem fé, isto é, a *vontade de querer* e a certeza de que essa vontade pode obter satisfação. A exemplo de Jesus, os apóstolos também não operaram milagres? Ora, que eram esses milagres, senão efeitos naturais, cujas causas eram desconhecidas [...], mas que, hoje, em grande parte se explicam e que se tornarão completamente compreensíveis pelo estudo do Espiritismo e do magnetismo?
>
> A fé é humana ou divina, conforme o homem aplica suas faculdades à satisfação das necessidades terrenas ou das suas aspirações celestiais e futuras. [...]
>
> O magnetismo é uma das maiores provas do poder da fé posta em ação. É pela fé que ele cura e produz esses fenômenos singulares, qualificados outrora de milagres.

Repito: A fé é *humana e divina*. Se todos os encarnados se achassem bem convencidos da força que trazem em si, e se quisessem pôr a vontade a serviço dessa força, seriam capazes de realizar o que, até hoje, eles chamam prodígios e que, no entanto, não de um desenvolvimento das faculdades humanas. – UM ESPÍRITO PROTETOR (Paris, 1863).

Os fragmentos do texto nos asseguram que quando temos fé, ou seja, a vontade de querer e a certeza de que essa vontade pode obter resultados satisfatórios, nós os conseguiremos:

O poder da fé recebe uma aplicação direta e especial na ação magnética; por seu intermédio, o homem atua sobre o fluido, agente universal, modifica-lhe as qualidades e lhe dá uma impulsão por assim dizer irresistível. [...] (KARDEC, 2018b, cap. 19, it. 5).

9.6.2 O pensamento

Possuímos em nós mesmos, pelo pensamento e pela vontade, um poder de ação que se estende muito além dos limites da nossa esfera corpórea. [...] (KARDEC, 2017, q. 662, comentário de Kardec).

O pensamento é o principal produto da mente, daí a necessidade primeira de saber o que ela é. Dizem os materialistas que ela é um simples produto do cérebro e que se extingue com a morte. Mas *o cérebro é o instrumento que traduz a mente, manancial de nossos pensamentos...* Outros admitem que a mente seja o próprio Espírito. André Luiz elucida para nós essa questão, quando assegura:

O espírito humano lida com a força mental, tanto quanto maneja a eletricidade, com a diferença, porém, de que se já aprende a gastar a segunda, no transformismo incessante da Terra, mal conhece a existência da primeira, que nos preside a todos os atos da vida (XAVIER, 2017b, cap. 1 – *Ouvindo elucidações*; grifo nosso).

Inferimos que se o Espírito lida com a mente, Espírito e mente são coisas distintas. A mente administra as funções superiores do cérebro humano, tais como a razão, a memória, a inteligência, a emoção e, por fim, o pensamento. Alojada no cérebro, enquanto o Espírito é refém do corpo físico, continua a funcionar após a desencarnação, no Mundo Espiritual, alojada no perispírito em órgão similar ao cérebro material, mas em condições vibratórias superiores.

Emmanuel define a mente como o espelho da vida em toda parte. Diz ele:

> Estudando-a de nossa posição espiritual, confinados que nos achamos entre a animalidade e a angelitude, somos impelidos a interpretá-la como o campo de nossa consciência desperta, na faixa evolutiva em que o conhecimento adquirido nos permite operar (XAVIER, 2016e, cap. 1 – *O espelho da vida*).

A mente tem outras múltiplas funções, estando entre elas: aceitar, aprender, compreender, escolher, guardar, perceber, recolher, repelir, verificar etc. Porém, a sua função mais importante é pensar.

É importante o esclarecedor lembrar que, quando em conversação com o Espírito socorrido, o seu pensamento ordenado se expressa em ondas mento-eletromagnéticas (XAVIER; VIEIRA, 2016, caps. 5 – *Corrente elétrica e corrente mental* e 12 – *Reflexo condicionado*) com velocidade acima da velocidade da luz, conduzindo a energia socorrista de que necessita o Espírito amparado, tal como nos ensina a mentora Joanna de Ângelis:

Todo pensamento emite força que atua numa onda vibratória própria que se apresenta com centro de registros para onde se dirige, encontrando receptividade ou perdendo-se por falta de sintonia em faixa equivalente (FRANCO, 1980, verbete Pensamento).

Durante a ação de socorro, o esclarecedor estará envolvido pela onda de pensamentos que o Espírito responsável por aquele momento lhe emite, para que diga e faça o melhor. É o momento de exercitar a fé humana e a fé divina, como já aprendemos antes.

9.6.3 A fala

Os elementos psíquicos que exteriorizamos pela boca são potências atuantes em nosso nome, fatores ativos que agem sob nossa responsabilidade, em plano próximo ou remoto, de acordo com nossas intenções mais secretas (XAVIER, 2017e, cap. 97 – *O verbo é criador*).

Essa é uma das razões, talvez a mais significativa, para que o esclarecedor busque aprimorar sua fala em todas suas nuanças, para melhor e mais eficientemente esclarecer os desencarnados conturbados, equivocados e vazios de esperanças. Não devemos esquecer que a palavra será o meio pelo qual oferecemos amparo àquele com quem dialogamos, exortando-o a dar os primeiros passos na senda do recomeço. Envidemos todo o esforço possível para que nossa fala não seja em vão. E não tenhamos dúvidas de que os nossos irmãos desencarnados compareçam sedentos de uma fala de esclarecimento sobre a dinâmica da vida no Plano Espiritual, para compreender o que se passa com eles e aliviar suas dores. O verbo, em todos os momentos de nossas vidas, tem a missão de edificar, esclarecer e consolar.

Comprovadamente, a palavra falada constrói imagens, pois é energia plasmadora do fluido cósmico que nos circunda. É um excitante condicional tão real quanto a ideia que representa. Emitida com veemência, convicção e amor conduz energia e modelos felizes, com a força suficiente para expulsar quadros sombrios que mourejam no campo mental de quem as ouve, facilitando o afloramento da esperança e da felicidade na criatura angustiada. Não é sem fundamento que o médico André Luiz, usando da liberdade e dos recursos que o Plano Espiritual lhe ofereceu ao estudar a gênese da palavra, no livro *Evolução em dois mundos*, chegou à conclusão que com ela nasce a nossa responsabilidade perante a vida.

Aprendemos com os Espíritos que a energia mental ativada e acionada pelo discurso oral, age com intensidade no campo emocional das criaturas. Quando ele se reveste da força do amor, da fraternidade e da piedade vê-se aumentada a sua ação, excitando o campo mental daquele que capta as vozes e, por repercussão vibratória, quem fala sofre-lhe, pela lei do retorno, seus resultados salutares. Recorramos ao médico de Nosso Lar, para melhor compreendermos o nobre valor da palavra:

— Conforme estudamos na noite de hoje, a palavra, qualquer que ela seja, surge invariavelmente dotada de energias elétricas específicas, libertando raios de natureza dinâmica. A mente, como não ignoramos, é o incessante gerador de força, através dos fios positivos e negativos do sentimento e do pensamento, produzindo o verbo que é sempre uma descarga eletromagnética, regulada pela voz. Por isso mesmo, em todos os nossos campos de atividade, a voz nos tonaliza a exteriorização, reclamando apuro de vida interior, uma vez que a palavra, depois do impulso mental, vive na base da criação; é por ela que os homens se aproximam e se ajustam para o serviço que lhes compete e, pela voz, o trabalho pode ser favorecido ou retardado, no espaço e no tempo (XAVIER, 2018a, cap. 22 – *Irmã Clara*).

A palavra do esclarecedor deve enobrecer o diálogo; ser carregada de vibrações fraternas. A modulação adequada da voz, combinada com a energia da fé, acalmarão os ânimos de quem está desesperado, à espera de brandura, de aconchego amoroso, para que encontre a paz e a bênção do recomeço. Exalada com a energia do amor fraterno, disciplinará o comportamento de quem se encontra em desespero e desobediente aos padrões da boa conduta.

No livro *Nos domínios da mediunidade*, capítulo 7 – *Socorro espiritual*, Raul Silva, sob a influência do Espírito Clementino, atendendo ao Espírito Libório, desencarnado em sofrimento, pronunciou comovidamente: "Libório, meu irmão!" Relata André Luiz:

> Essas três palavras foram pronunciadas com tamanha inflexão de generosidade fraternal que o hóspede não pode sopitar o pranto que lhe subia do âmago.
> [...]
> Via-se, porém, com clareza, que não eram as palavras a força que o convencia, mas sim o sentimento irradiante com que eram estruturadas (XAVIER, 2015b).

Concluímos dizendo que a mente constrói o diálogo e o coração dá o colorido e a temperatura à palavra a ser proferida, "[...] porque a boca fala do que está cheio o coração" (*Lucas*, 6:45).

9.6.4 A prece

A prece intercessória é um recurso que o esclarecedor adotará no momento certo, para complementar o socorro que esteja prestando ao desencarnado. Assim sendo, entrará mais intensamente em contato com as forças superiores, carreando fluidos balsamizantes para seu assistido que se encontra em desespero. Sua vontade sincera aciona a força do seu pensamento, e rogará objetivamente que atenda ao irmão socorrido nas suas necessidades primordiais naquele instante. Em se tratando de um Espírito rebelde, recalcitrante, que não demonstre nenhum interesse em receber a ajuda que lhe é ofertada, pense-se em recursos de contenção e exaustão de suas energias para que adormeça e seja conduzido pelos enfermeiros do Espaço. Assim, devemos crer por que dessa forma nos ensina Emmanuel em *Pão nosso* no capítulo 17 – *Intercessão*:

> A súplica da intercessão é dos mais belos atos de fraternidade e constitui a emissão de forças benéficas e iluminativas que, partindo do espírito sincero, vão ao objetivo visado por abençoada contribuição de conforto e energia. [...] (XAVIER, 2016d).

Lembramos que o esclarecedor está mergulhado, juntamente com os desencarnados, no fluido universal. O fluido ao receber a impulsão do pensamento, acionado pela alavanca da vontade, promoverá, com a ajuda dos Arquitetos espirituais, a elaboração de medicamentos e ferramentas de socorro imediato, que serão usados na recuperação dos órgãos perispirituais danificados pela desencarnação violenta, por enfermidades longas e deformadoras ou, às vezes, vítimas da zoantropia. As ondas vibratórias produzidas pelas palavras enriquecidas pelo seu amor fraterno farão com que o socorrido registre a presença do amor de Jesus, e se renda ao seu convite:

> Vinde a mim, todos vós que estais cansados sob o peso do vosso fardo e eu vos darei descanso. Tomai sobre vós o meu jugo e aprendei de mim, porque sou manso e humilde de coração, e encontrareis descanso para vossas almas, pois o meu jugo é suave e o meu fardo é leve (*Mateus*, 11:28 a 30, *Bíblia de Jerusalém*).

9.7 Reunião de médiuns esclarecedores

São muito relevantes essas reuniões ou encontros, quando os esclarecedores deverão trocar suas experiências com vista ao crescimento harmônico de todos os grupos mediúnicos da Instituição. Nelas dever-se-á dar relevância aos casos exóticos, os de difícil atendimento e os que trouxeram ensinamentos bastante significativos para todos, considerando que cada irmão socorrido nos oferece uma lição de vida. Nessas ocasiões, os mais experientes cooperarão com os novos, repassando técnicas de abordagem e de sustentação do diálogo, buscando-se os melhores resultados.

Cito um exemplo: sempre tivemos dificuldade de lidar com os desencarnados que se apresentavam alcoolizados ou drogados, pois não encontrava meios para manter um diálogo produtivo, tal como acontece em nosso plano, quando tentamos esclarecer alguém que esteja embriagado ou drogado. Mas, certa feita, atendemos um desencarnado na condição de alcoolizado, que se apresentou balbuciando palavras ininteligíveis e nada entendendo do que lhe dizia... Pedi ajuda e recebi a intuição de lhe oferecer uma dose de bebida que neutralizaria aquele efeito que nos impedia de conversar. Mentalizei a bebida, dando tempo a que a Espiritualidade preparasse o líquido que contivesse um antídoto que favorecesse o irmão se tornar sóbrio... E foi o que aconteceu! O resultado foi extraordinário! Ele fez uma catarse, contando a razão hedionda de ter resolvido se embriagar. Após chorar convulsivamente, foi conduzido pela sua genitora, que ele muito amava. Outra feita, com um drogado, usei o passe dispersivo e ele adquiriu condições de conversar, favorecendo bons resultados ao diálogo mantido. Experiências assim devem ser trocadas durante as reuniões de médiuns esclarecedores.

10
Médiuns psicofônicos

10.1 Fé e discernimento

No capítulo 25 – *Equipe mediúnica: psicofônicos* André Luiz direciona sua atenção ao médium, lembrando a fé positiva que ele deve ter na equipe espiritual que programa e administra todos os acontecimentos da reunião de desobsessão. Diz ainda que "[...] da passividade construtiva que demonstrem, depende o êxito da empreitada de luz e libertação em que foram admitidos" (XAVIER; VIEIRA, 2017).

Há desencarnados que se apresentam de forma ameaçadora, com aspecto horrendo e, muitas vezes, exalando odores nauseabundos, condições essas que assustam o médium quando convidado à gloriosa tarefa de socorrê-los. Nessa ocasião será de grande valia a exortação do esclarecedor, que poderá fazer uma prece solicitando vibrações que desfaçam a paisagem dantesca que o médium visualiza mentalmente.

Muito auxiliará se o médium identificar a condição psíquica e espiritual em que se encontra a entidade a ser socorrida e informar ao esclarecedor, para que este possa perceber, de imediato, a *necessidade central* do enfermo, atuando com mais eficácia, pois diante das informações que o médium lhe repassa buscará de imediato os recursos mentais e intelectuais de que necessita para o atendimento caridoso e eficiente àquele irmão.

Uma condição essencial para o êxito do trabalho é que o médium tenha domínio completo de si próprio, devendo "[...] *aceitar ou não a influência dos Espíritos desencarnados*, inclusive *reprimir* todas as *expressões e palavras obscenas ou injuriosas*, que essa ou aquela entidade queira pronunciar por seu intermédio [...]" (XAVIER; VIEIRA, 2017; grifo nosso).

10.2 Humildade, meditação e autoanálise

Não se tem dúvidas que a prática da autoanálise é consequência direta da humildade e, por isso, responsável por muitas outras conquistas pessoais no esforço da reforma íntima. Somente é capaz de despertar o interesse pela sua reforma interior quem se conhece e esse autoconhecimento será fruto da meditação reflexiva, da qual já falamos.

Santo Agostinho, conforme aprendemos em *O livro dos espíritos*, questão 919, deixa claro que a autoanálise deve ser um processo sistemático e permanente de efeitos diários e contínuos, quando cada um de nós deve ir ao encontro de si mesmo, explorando o terreno íntimo. Será nos momentos de dor, de alegria, de sucesso, de frustração, da crítica do outro aos nossos procedimentos que teremos a sagrada oportunidade de nos autoanalisar.

O hábito da prece e meditação reflexiva ajuda bastante a nos conhecermos intimamente. Durante a prece busque identificar, com severidade, o que tem de positivo e negativo dentro de si. Não se culpe e não se sinta pior ou melhor do que os outros. Descubra-se simplesmente, e busque se corrigir.

[...] Quando estiverdes indecisos sobre o valor de uma de vossas ações, perguntai como a qualificaríeis se praticadas por outra pessoa. Se a censurais nos outros, ela não poderia ser mais legítima, caso fôsseis o seu autor, porque Deus não usa de duas medidas na aplicação de sua justiça. [...] (KARDEC, 2017, q. 919-a).

10.3 Intromissão de inteligência perversa

A invasão de inteligências perversas no âmbito da reunião de desobsessão se dá pela invigilância, tanto do médium quanto do esclarecedor, quando esses alimentam "dúvidas e atitudes suspeitosas, inconciliáveis com a obra de caridade que se dispõem prestar". Essa intromissão poderá acontecer até mesmo no final dos trabalhos, quando se acredita encerrados os atendimentos programados. O médium Divaldo Pereira Franco, do alto de sua experiência, nos ensina que:

> Pode ocorrer, também, durante este espaço final [enquanto se espera a palavra da equipe espiritual responsável pela reunião], por interferência dos mentores, comunicações de Espíritos muito perversos ou de inimigo pessoal de qualquer dos componentes do grupo, ocasiões em que é possível se comunique, paralelamente, um instrutor para orientar o dirigente encarnado no sentido de que ele conclame todo o grupo a uma postura mental compatível com as necessidades do momento, enquanto os doutrinadores são avisados do tipo de tratamento que deve ser dispensado ao Espírito comunicante (MIRANDA, 2000, Pt. 2, *Funcionamento*, q. 49).

10.4 Controle da passividade

Os médiuns psicofônicos, embora pressionados, às vezes, por entidades que desejam se manifestar, se eduquem para somente permitir a sua mediunização no momento apropriado, sempre com o esclarecedor ao seu lado. Mesmo em se tratando de *médium sonambúlico*, ele pode e deve exercitar o autodomínio. Se, por acaso, sentir dificuldades nesse sentido, deve solicitar a ajuda do dirigente da reunião que o socorrerá ou pedirá o apoio de algum esclarecedor disponível.

Numa reunião de desobsessão uma entidade incorporada ao médium sonambúlico Jonas pretendia agredir o esclarecedor, mas tal fato não aconteceu, pois

> Na mediunidade educada, mesmo em estado sonambúlico, o Espírito encarnado exerce vigilância sobre o comunicante, não lhe permitindo exorbitar, desde que o perispírito daquele é o veículo pelo qual o desencarnado se utiliza dos recursos necessários à exteriorização dos sentimentos (FRANCO, 1987, cap. 25 – *Técnica de libertação*).

Aprendemos, portanto, que o médium poderá sempre exercer o controle sobre a entidade que deseja se comunicar ou está se comunicando, salvo esteja ele em pleno processo obsessivo, quando merecerá o apoio de todos para sua recuperação.

10.5 Médium sonambúlico

O sonambulismo pode ser considerado como uma variedade da faculdade mediúnica, ou melhor, são duas ordens de fenômenos que frequentemente se acham reunidos. O sonâmbulo age sob influência do seu próprio Espírito; é sua alma que, nos momentos de emancipação, vê, ouve e percebe, fora dos limites dos sentidos. Em geral, suas ideias são mais justas do que no estado normal, e mais amplos os seus conhecimentos, porque sua alma está livre. [...] (KARDEC, 2016a, it. 172).

O sonambulismo é uma faculdade que favorece a emancipação da alma durante o sono de forma bastante acentuada, ficando o Espírito quase que totalmente liberto dos laços corporais, quando tem a perfeita noção de sua capacidade espiritual. O portador dessa faculdade é vulgarmente conhecido como "médium inconsciente". A mediunidade "inconsciente", desejada pela maioria dos médiuns, é hoje um tanto rara. Assim desejam porque o sonambulismo absoluto impede que o médium se recorde do que disse e do que aconteceu, dando-lhe mais confiança em si mesmo. A tendência natural, no entanto, é que a mediunidade consciente se multiplique cada vez mais, favorecendo a participação natural dos médiuns nas comunicações. Isso porque:

> [...] O sonambulismo puro, quando em mãos desavisadas, pode produzir belos fenômenos, mas é menos útil na construção espiritual do bem. A psicofonia inconsciente, naqueles que não possuem méritos morais suficientes à própria defesa, pode levar à possessão, sempre nociva, e que, por isso, apenas se evidencia integral nos obsessos que se renderam às forças vampirizantes (XAVIER, 2015b, cap. 8 – *Psicofonia sonambúlica*).

O esclarecedor diante do médium sonambúlico em manifestação tumultuária deverá agir com segurança, solicitando ao sensitivo que exercite o autodomínio, devendo ser esclarecido de que, na realidade, no Plano Espiritual ele se mantém alerta e responsável por aquele que usa temporariamente seu corpo, devendo censurar-lhe os gestos descabidos e o palavreado chulo.

Vale à pena reproduzir um momento bastante ilustrativo do que falamos acima sobre a manifestação de uma entidade desumana, sufocada pelo orgulho e pela vaidade, que incorpora na médium sonambúlica.

Assemelhava-se [o Espírito em atendimento] a um peixe em furiosa reação entre os estreitos limites de um recipiente que, em vão, procurava dilacerar.
Projetava de si estiletes de treva, que se fundiam na luz com que Celina-alma o rodeava, dedicada.
Tentava gritar impropérios, mas debalde.
A médium era um instrumento passivo no exterior, entretanto, nas profundezas do ser, mostrava as *qualidades morais positivas* que lhe eram conquista inalienável, *impedindo aquele irmão de qualquer manifestação menos digna* (XAVIER, 2015b, cap. 8 – *Psicofonia sonambúlica*; grifo nosso).

Para encerrar, absorvamos o ensinamento do estudioso Espírito Manoel Philomeno de Miranda:

Na mediunidade educada, mesmo em estado sonambúlico, o Espírito encarnado exerce vigilância sobre o comunicante, não lhe permitindo exorbitar, desde que o perispírito daquele é o veículo pelo qual o desencarnado se utiliza dos recursos necessários à exteriorização dos sentimentos.
[...]
Quando fatos infelizes de porte, qual esse planejado pelo comunicante, sucederem, o médium é corresponsável, o grupo necessita de reestruturação, a atividade não tem suporte doutrinário, nem moral evangélica (FRANCO, 1987, cap. 25 – *Técnica de libertação*).

10.6 Passividades e dispêndios de energia

André Luiz, no capítulo 40 – *Manifestações simultâneas (II)* é peremptório:

Só se devem permitir, a cada médium, duas passividades por reunião, eliminando com isso maiores dispêndios de energia e manifestações sucessivas ou encadeadas, inconvenientes sob vários aspectos (XAVIER; VIEIRA, 2017).

O médico de Nosso Lar é incisivo quando trata do número de passividades permitido a cada médium numa reunião. Entre os inconvenientes de que fala, podemos lembrar o do tempo destinado às passividades em cada reunião, que não deve ultrapassar noventa minutos.

Há situações imprevisíveis, nesse particular, que devem ser levadas em conta. A Espiritualidade que administra os trabalhos mediúnicos necessita, às vezes, atender um caso urgente e determinado médium é solicitado à cooperação extra. Nesses casos, o médium consulta o dirigente e a comunicação se processa em consonância com as determinações do Alto. Fora desse contexto, o fato deverá ser avaliado à parte, considerando-se a possibilidade de uma descompensação da equipe.

Allan Kardec, em *O livro dos médiuns*, item 221, questão 3, interroga a Espiritualidade se o exercício da mediunidade pode ter inconvenientes em si mesmo no tocante as condições de saúde, excluindo os casos de abusos, e tem como resposta:

"Há casos em que é prudente, necessária mesmo, a *abstenção*, ou, pelo menos, o *exercício moderado*, vai depender do estado físico e moral do médium. Aliás, o médium o sente geralmente e, *quando isso acontece*, deve abster-se" (KARDEC, 2016a; grifo nosso).

Há quem sustente que se o médium está a serviço da caridade, nenhum desgaste de suas energias se dará, pois, seus mentores espirituais saberão como supri-lo, se for necessário. Quanto a isso não temos dúvidas, mas a Espiritualidade está sempre pronta a respeitar as normas que estabelecemos para os trabalhos de intercâmbio, bem como as leis que regem nossas vidas. Ela somente busca recursos extraordinários quando a ocasião justifique a medida. Sabemos que toda e qualquer atividade para ser realizada consome energia. Esse é um axioma da Física que se aplica ao exercício da mediunidade.

No item 188 do referido livro, os Espíritos ensinam ao Codificador que "Os médiuns delicados e muito sensitivos devem abster-se das comunicações com os Espíritos violentos, ou cuja impressão é penosa, por causa da fadiga que daí resulta" (KARDEC, 2016a, subit. Médiuns sensitivos). E isso pode acontecer nas reuniões de desobsessão, mas sabemos que os Espíritos que administram os trabalhos sabem qual médium deverá ser usado para determinados atendimentos.

Divaldo Franco interrogado sobre o assunto respondeu:

Tratando-se de um grupo com muitos médiuns atuantes, duas comunicações são suficientes para cada sensitivo; excepcionalmente, três. *Deve-se evitar um número maior de passividades por causa do desgaste físico e psíquico do médium* (FRANCO, 1987, Pt. 2, *Funcionamento*, q. 50; grifo nosso).

No entanto, se faz necessário ao espírita que adota o bom senso em nada ser extremado, devendo admitir que há situações que escapam ao rigorismo de normas estabelecidas por nós. O mentor Philomeno de Miranda, ao perceber que o médium, após largas horas de psicofonia, volta do transe apresentando-se com ótimo aspecto físico, ouviu da mentora dos trabalhos, irmã Emerenciana, o seguinte esclarecimento:

— Os que aplicam as horas nos jogos das paixões dissolventes gastam as forças físicas e emocionais, como alguém que acende uma vela pelas duas extremidades, queimando o excesso de combustível, o que acelera a sua extinção. Em nosso campo de atividade, conforme é do conhecimento do nosso Miranda, "quanto mais se dá, mais se recebe". O intercâmbio mediúnico, em clima de amor e de serviço pelo próximo, proporciona permuta de forças que se renovam e estimulam, no organismo perispiritual, a regeneração celular, o surgimento de outras saídas, sem desgaste excedente de energias. Em tudo, a vigência das *Leis de Causalidade*... Conforme a criatura atua, assim se situa (FRANCO, 2018, cap. 18 – *O despertar de Aderson*).

10.7 Médium obsidiado

Quanto a se encaminhar o médium obsidiado às reuniões para educação e desenvolvimento da sua mediunidade, não é aconselhável. Adverte André Luiz que "[...] antes de tudo, desenvolva recursos pessoais no próprio reajuste [...]", lembrando que "[...] Não se constroem paredes sólidas em bases inseguras [...]" (XAVIER, 2015b, cap. 9 – *Possessão*).

Muitos irmãos da atividade mediúnica questionam o porquê de um médium atuando sistematicamente na atividade desobsessiva seja vitimado pela obsessão. O Espírito Vianna de Carvalho nos ajuda a compreender essa realidade.

[...] Somente ocorre a parasitose obsessiva quando existe o devedor que se lhe torna maleável, na área da consciência culpada, que sente necessidade de recuperação. [...] *A obsessão é obstáculo à correta educação da mediunidade e ao seu exercício edificante, em face da instabilidade e insegurança de que se faz portadora.* [...] A desorientação mediúnica, em razão de uma prática irregular, faculta obsessões por fascinação e subjugação ao longo prazo, de recuperação difícil, quando não irreversível... [...] Seja, porém, qual for o processo através de cujo mecanismo se apresente, a obsessão resulta da identificação moral de litigantes que se encontram na mesma faixa vibratória, necessitando de reeducação, amor e elevação. [...] *Nenhum médium*, todavia, ou melhor dizendo, pessoa alguma está indene a padecer de agressões obsessivas, cabendo a todos a manutenção dos hábitos salutares, da vigilância moral e da oração mediante as ações enobrecidas, graças aos quais se adquirem resistências e defesas para o enfrentamento com as mentes doentias e perversas que pululam na erraticidade inferior e se opõem ao progresso do homem, portanto, da Humanidade. [...] (FRANCO, 1990, cap. 16; grifo nosso).

Logo, nenhum médium goza de privilégio pelo fato de estar oferecendo sua faculdade para servir em nome de Jesus.

10.8 Desdobramento inoportuno

A recomendação do cidadão da colônia espiritual Nosso Lar, no capítulo 20 – *Componentes da reunião*, é que nenhum membro da equipe mediúnica se deixe vencer pelo sono, o qual poderá favorecer um *desdobramento desnecessário*, gerando, provavelmente, trabalho extra para a equipe espiritual. O momento é de desobsessão e não de experiências outras no campo da mediunidade. O desdobramento somente deverá acontecer quando de interesse da equipe espiritual (XAVIER; VIEIRA, 2017).

O Espírito Joanna de Ângelis recomenda que os membros da equipe mediúnica *repousem algumas horas antes de ir para a reunião* para se livrar do sono indesejado durante os trabalhos. Tal recomendação não é fácil de ser cumprida, pois fica ela subordinada às condições pessoais, destacando-se entre eles a jornada de trabalho.

O desdobramento é um fenômeno natural e corriqueiro que se dá com o Espírito encarnado, quando recupera parcialmente sua liberdade, ficando preso ao corpo por um cordão fluídico, também denominado de *cordão de prata*, o qual somente se desata do corpo com a desencarnação. O desdobramento pode ser natural ou induzido magneticamente.

Sabe-se que nosso desempenho físico e mental está diretamente ligado a uma boa noite de sono, mas nem sempre isso é possível por razões diversas. Atentemos abaixo para as respostas que o médium Divaldo P. Franco deu às perguntas que formulamos:

Qual o prejuízo que pode o médium sonolento causar aos resultados da tarefa?

O problema todo se encontra vinculado ao campo mental do indivíduo. Os Espíritos sintonizam, através de onda específica, *ligando psiquicamente os colaboradores uns aos outros*. Se este aqui dorme e mais adiante outro encontra-se sonolento, os pensamentos se desencontram e cai a corrente vibratória. [...] (Grifo nosso)

Como agem os Espíritos responsáveis pelo evento mediúnico quando o médium dorme?

Existem casos em que os integrantes sonolentos são envolvidos pelos bons Espíritos em fluidos benéficos para que não seja perturbada a ordem dos trabalhos de atendimento às entidades sofredoras. [...]

Quais as causas possíveis do sono durante a reunião?
[...] Os fatores, principais causadores destas indisposições, são: o cansaço natural e a hipnose obsessiva.

O que fazer para se libertar dessa indisposição?

[...] repousar depois das atividades cotidianas, proceder a uma leitura edificante e adotar um estado íntimo de oração, que é diferente de balbuciar de palavras, impedindo-se assim, a influência dos hipnotizadores inferiores através de uma defesa consistente contra as ondas vibratórias negativas por eles arremessadas (MIRANDA, 2000, Pt. 2, *Preparação*, q. 44).

10.9 Avaliação da reunião

É interessante que dirigente, assessores, médiuns psicofônicos e integrantes da equipe, finda a reunião, analisem, sempre que possível, as comunicações havidas, indicando-se para exame proveitoso os pontos vulneráveis dessa ou daquela transmissão (XAVIER; VIEIRA, cap. 60 – *Estudo construtivo das passividades*)

Vez ou outra se faz valioso o comentário sobre determinado aspecto da comunicação do sofredor ou do obsessor, porque apresentou certa singularidade na forma ou no conteúdo; detalhes que servirão de aprendizagem sobre a complexidade da comunicação mediúnica ou fatos exóticos, desconhecidos de todos nós. Em nenhum momento é concebível se fazer comentários sobre as condições desse ou daquele Espírito que se apresentou revelando suas misérias morais. Não somente é falta de caridade para com ele, mas, também, uma forma de acionarmos a sintonia, jungindo-nos ao socorrido durante o sono.

A avaliação após as comunicações deverá servir para se apurar o desempenho dos integrantes da equipe mediúnica. É proveitoso que cada um diga das suas dificuldades e se busque as razões delas. Tal procedimento favorece a autoanálise e promove o crescimento pessoal. Para o bom aproveitamento, que se use o senso de autocrítica, na busca de melhores resultados individual e coletivo.

É o momento daquele companheiro que vem passando por uma fase difícil na sua vida particular, informar o porquê da queda do seu desempenho, angariando a ajuda dos companheiros. Os médiuns poderão se dirigir aos esclarecedores, referindo-se a esse ou aquele atendimento, informando onde não houve sintonia com o real drama da entidade assistida, objetivando o melhoramento da atividade.

11
Dirigente de reuniões mediúnicas

Para estabelecer a importância de um dirigente de reunião mediúnica, selecionamos a opinião de três respeitáveis estudiosos e divulgadores da Doutrina Espírita, conhecedores das atividades mediúnicas.

A figura daquele que dirige é de muita importância para todo o grupo. Deve ser uma pessoa que conheça profundamente a Doutrina Espírita e, mais que isto, que viva os seus postulados, obtendo assim a autoridade moral imprescindível aos labores dessa ordem. Esta autoridade é fator primacial, pois uma reunião dirigida por quem não a possui será, evidentemente, ambiente propício aos Espíritos perturbadores. Diz-nos Kardec que a verdadeira superioridade é a moral e é esta que os Espíritos realmente respeitam. É ela que irá infundir nos integrantes da equipe a certeza de uma direção segura e equilibrada (SCHUBERT, 2018, cap. 5 – *O dirigente*).

[...] O dirigente do grupo não é o que se senta à cabeceira da mesa e dá instruções — ele é apenas um companheiro, um coordenador, um auxiliar, em suma, dos verdadeiros responsáveis pela tarefa global, que se acham no Mundo Espiritual. [...] (MIRANDA, 2017, cap. 2 – *As pessoas*).

O dirigente das tarefas de desobsessão não pode esquecer que a Espiritualidade Superior espera nele o apoio fundamental da obra.
Direção e discernimento.
Bondade e energia.
Certo, não se lhe exigirão qualidades superiores à do homem comum; no entanto, o orientador da assistência aos desencarnados sofredores precisa compreender que as suas funções, diante dos médiuns e frequentadores do grupo, são semelhantes às de um pai de família, no instituto doméstico (XAVIER; VIEIRA, cap. 13 – *Dirigente*).

O primeiro texto realça a importância do conhecimento doutrinário, imprescindível àquele ou aquela que se coloca na condição de mentor de um grupo de pessoas que se propõe a cooperar com a desobsessão, sabendo-se que a prática mediúnica oferece inconvenientes e perigos, conforme adverte Allan Kardec no capítulo 18 de *O livro dos médiuns*.

O segundo aponta para a condição de um ser fraterno, pessoa de bem, que exercita a humildade e se reconhece, como deve ser, um simples auxiliar da equipe espiritual, com a qual ele deverá se conectar para melhor conduzir os trabalhos. Preferindo sempre *solicitar* do que *mandar*.

O último é do próprio André Luiz, constante do capítulo 13 da obra em estudo. Naquela página ele sintetiza, de forma inteligente e amorosa, como deverá proceder o(a) dirigente e quais seus procedimentos básicos, não esquecendo que "[...] *a Espiritualidade Superior espera nele o apoio fundamental da obra*", grifo nosso.

Elencamos aqui algumas qualidades que o dirigente deve se esforçar para delas se apropriar:

- Direção e discernimento.
- Bondade e energia.
- Autoridade fundamentada no exemplo.
- Hábito de estudo e oração.
- Dignidade e respeito para com todos.
- Afeição sem privilégios.
- Brandura e firmeza.
- Sinceridade e entendimento.
- Conversação construtiva.

O leitor ou a leitora encontrará nos capítulos 3 – *Equipagem mediúnica* e 7 – *Socorro espiritual* de *Nos domínios da mediunidade*, obra de André Luiz, psicografada por Chico Xavier (2015b), fala em que o autor ressalta a importância do papel do dirigente de reunião mediúnica, dando como exemplo o médium Raul Silva, que detém as seguintes virtudes:

- Ascendência natural sobre a equipe.
- Respeito às individualidades.
- Habilidade para enfrentar situações difíceis com equilíbrio, serenidade e segurança, buscando resolvê-las com imparcialidade, racionalidade e disciplina.
- Tolerante e amigo.
- Incentivador e estimulador da participação de todos.

Acrescentamos que ao dirigente compete, também, promover o crescimento intelectual do grupo, despertando-lhes o interesse para leituras de obras relacionadas ao trabalho mediúnico e ao universo do conhecimento como um todo.

12
Tipos de Espíritos

Diversos autores que tratam do assunto desobsessão costumam tipificar os Espíritos que são atendidos nas respectivas reuniões. Allan Kardec, na Segunda parte do livro *O céu e o inferno*, fez uma classificação baseada na condição espiritual daqueles com quem dialogou, distinguindo-os em *Espíritos felizes*; *em condições medianas*; *sofredores*; *suicidas*; *criminosos arrependidos* e *endurecidos* (KARDEC, 2018a).

Hermínio C. Miranda, a partir de seus contatos com a imensa variedade de Espíritos das sombras, ampliou e diversificou consideravelmente o quadro daqueles por ele atendidos. Outros autores acrescentaram, segundo suas experiências, mais alguns tipos. André Luiz, no capítulo 36 – *Manifestação de enfermo espiritual (V)*, oferece-nos características de alguns Espíritos sofredores e obsessores, dos quais faremos alguns comentários (XAVIER; VIEIRA, 2017).

12.1 Zoantropos

São aqueles Espíritos vitimados pela Zoantropia. Do latim (*zoo* = animal + *anthropos* = homem). É o fenômeno em que os desencarnados devotados ao mal se tornam visíveis, tanto aos homens como aos Espíritos, sob forma de animais. Esse processo de transformação acontece por meio de uma metamorfose perispirítica, provocada pela indução hipnótica de entidade perversa, fazendo com que o desencarnado, prisioneiro de suas culpas, ganhe a forma animalesca. Uma das variações de zoantropia mais comum que encontramos na literatura espírita é a *licantropia*, em que o desencarnado se apresenta na forma de lobo. O fenômeno também se dá pela auto-hipnose resultante da fixação mental.

> Padecendo de auto-hipnose pelo prolongado período em que cultivam as ideias maléficas, deformam as matrizes perispirituais, assomando diante dos que lhes tombam, inconsequentes nos círculos da aflição, em formas temerosas, horripilantes, com as quais aparvalham as futuras vítimas, acostumadas a imagens mentais perniciosos pelos eitos do remorso que impõe justiça. Outras vezes, são vítimas de mais vigorosas mentes que submetem, deles utilizam-se para o mesmo indébito fim (FRANCO, 1987, cap. 5 – *Primeiras providências*).

Há aqueles que são vitimados pela zoantropia, pela hétero-hipnose, realizada por entidades maléficas que se comprazem na aplicação da justiça pelas próprias mãos. Convidamos o leitor ou a leitora para um aprendizado inestimável que se encontra no capítulo 5 – *Operações seletivas* do livro *Libertação*. Lá o nosso querido repórter do Mundo Espiritual narra o momento em que uma senhora se transforma em loba a partir de impulsos magnéticos conduzidos pela fala do chefe de uma colônia de Espíritos malfeitores, julgando-a pelos males que cometera, sofrendo pelo tormento de sua consciência culpada (XAVIER, 2017b).

Quando entidades nessa condição se manifestam, trazidos pelos mentores para que recuperem sua forma natural, geralmente não conseguem falar, mas, com ajuda do choque anímico, passes e orações eles vão lentamente voltando ao normal, após várias incorporações.

12.2 "Loucos" ou alienados mentais

São aqueles que apresentam os mesmos sintomas dos encarnados tachados de "loucos" ou alienados mentais. No plano material a criatura manifesta a loucura, porque o cérebro está de alguma forma danificado, impedido que a alma se manifeste plenamente. Mas entre os desencarnados, como se explica a permanência dos sintomas?

Referindo-se à loucura, o Codificador pergunta se *é sempre o corpo e não o Espírito que está desorganizado* e recebe o seguinte esclarecimento:

> Sim, mas convém não perder de vista que, assim como o Espírito atua sobre a matéria, também esta reage sobre ele, dentro de certos limites, e que o Espírito pode encontrar-se momentaneamente impressionado pela alteração dos órgãos pelos quais se manifesta e recebe as impressões. Pode acontecer, finalmente, *quando a loucura já durou longo tempo, que a repetição dos mesmos atos acabe por exercer sobre o Espírito uma influência de que ele só se libertará depois de se haver libertado completamente de toda impressão material* (KARDEC, 2017, q. 375-a; grifo nosso).

Mais à frente, na questão 377, Allan Kardec insiste visando o melhor entendimento possível sobre o tema abordado:

> *Depois da morte, o Espírito do alienado se ressente da perturbação de suas faculdades?*

"Pode senti-lo durante algum tempo após a morte, até que esteja completamente desligado da matéria, assim como o homem que desperta se ressente, por algum tempo, da perturbação em que o sono o mergulha."

Diante dessa informação, fica claro para o esclarecedor que a necessidade central do irmão que se apresenta na condição de alienado mental é *libertar-se da forte impressão de que ainda está no corpo carnal*. O uso da terapia pós-hipnótica, induzindo o enfermo ao sono e ordenando que ao acordar ele retomará sua condição de lucidez ajudará muito na sua recuperação. O diálogo nessas situações nem sempre é possível por razões óbvias.

12.3 Homicidas

Muitos dos homicidas se apresentam argumentando que fizeram justiça; que foram vilipendiados, traídos, maltratados; que mataram em defesa própria ou de alguém. Há os matadores de aluguel que se isentam de culpa, pois apenas cumpriram ordens, dando o fim merecido aos que assassinaram. Nem sempre se mostram arrependidos, dificultando o trabalho do esclarecedor. Quando ao contrário, o diálogo é construtivo; é o momento de cooperar com a elevação da sua autoestima, usando a sugestão, dizendo-lhe que ele é filho de Deus e por isso é amado e compreendido; que se reabilitará pelos bons atos que venha fazer dali para frente.

12.4 Galhofeiros

É o debochado que, às vezes, se manifesta de forma alegre e ruidosa, soltando gracejos para desestruturar o *campo mental do grupo*. Nem sempre são obsessores contumazes, pois valorizam muito sua independência e não estão interessados em mudar. Yvonne Pereira nos ensina que:

> [...] Existem os mistificadores *inofensivos, brincalhões* apenas, que levam o tempo alegremente, se bem que também levianamente, cujas ociosidades e futilidades só a si mesmos prejudicam, e que todos consideram irresponsáveis quais crianças travessas, e a quem ninguém levará a sério. Na Terra como no Espaço, eles proliferam, sem realmente prejudicar senão a si próprios. [...] (PEREIRA, 2016, *Mistificadores-obsessores*).

Eles zombam das nossas atividades, argumentando que estamos perdendo tempo ou, então, se associam aos nossos ideais, mas o que pretendem mesmo é tomar o nosso tempo com sua conversa destituída de nobreza. Pode-se tentar um diálogo sério, mas não fiquemos frustrados se não nos derem atenção. Em muitas ocasiões ouvimos dizer: *Eu acho que vocês estão certos, mas estão perdendo tempo comigo; admiro vocês e sinto que são sinceros, mas ainda não estou preparado para mudar. Gosto muito do jeito que levo a minha vida...*

Diante de um galhofeiro, faça uma prece e o despeça em nome de Jesus.

12.5 Exóticos

Se manifestam com procedimentos esquisitos, excêntricos, extravagantes. Irmãos que desencarnaram em terras estrangeiras e, mesmo aqueles já conscientes da sua nova situação no Mundo Espiritual, preferem manter seus hábitos, como se estivessem no corpo físico, no meio do seu povo. Podemos, também, enquadrar como exóticas aquelas entidades que se apresentam com trejeitos em razão de conflitos sexuais que suportaram na última existência; os índios e os africanos ex-escravos com seus vocabulários sotaques distintos, bem como os profitentes de seitas diabólicas.

O Espírito Emmanuel comentando a maneira como os ex-escravos africanos se manifestam mediunicamente em nosso meio e roga compreensão para eles:

> Imagina igualmente que esses irmãos menos felizes, criados distantes de teu carinho, se comunicassem do Plano Espiritual com as criaturas terrestres e fossem motivo de hilaridade pela linguagem primitivista em que ainda se expressam.
> Pensa neles como estando ainda algemados aos caprichos daqueles mesmos que lhes deviam respeito e renovação, e que continuam a tê-los como cães amestrados para objetivos inferiores. Explorados em seus bons sentimentos, em regressando ao mundo onde foram supliciados na confiança ingênua, são mantidos, em Espírito, como vítimas e jograis (XAVIER, 2016g, cap. 45 – *Imagina*).

O Espiritismo nos ensina que o intercâmbio com os Espíritos involuídos tem como missão cooperar com o seu progresso em todos os sentidos. Diante disso, não devemos alimentar suas práticas exóticas com as quais ainda estão presos, como se delas necessitassem, mas não os censuremos. Acolhamo-los com respeito e ofereçamos os ensinamentos evangélicos e doutrinários sem imposição, na esperança de que nos acompanhem, sempre respeitando a condição de cada um na esteira do progresso.

12.6 Recém-desencarnados em desorientação franca

André Luiz solicita aos esclarecedores que, no uso do seu *tato psicológico*, identifiquem as características do manifestante para conduzir o diálogo de maneira cuidadosa. Um desses cuidados é o de identificar se estamos tratando com um recém-desencarnado, que se apresenta desorientado, não sabendo o que está acontecendo ou o que aconteceu. Identificada sua ignorância sobre a nova forma de vida, não nos apressemos para trazê-los à realidade. O momento é de acalma-lo, afastá-lo das preocupações com a família ou com quem quer que seja, assegurando-lhe que "logo mais" poderá revê-los e garantir-lhe que estão todos bens. Atentemos para o que nos ensina o Codificador sobre o que se passa com o recém-desencarnado:

> Certo, nesse momento [do desligamento do corpo físico] o Espírito não possui toda a lucidez, visto como a perturbação de muito se antecipou à morte; mas nem por isso sofre menos, e o vácuo em que se acha, e a incerteza do que lhe sucederá, agravam-lhe as angústias. Dá-se por fim a morte, e nem por isso está tudo terminado; *a perturbação continua, ele sente que vive, mas não define se material, se espiritualmente, luta, e luta ainda, até que as últimas ligações do perispírito se tenham de todo rompido.* A morte pôs termo à moléstia efetiva, porém, não lhe sustou as consequências, e, *enquanto existirem pontos de contato do perispírito com o corpo, o Espírito ressente-se e sofre com as suas impressões* (KARDEC, 2018a, Pt. 2, cap. 1, it. 12; grifo nosso).

Se o recém-desencarnado está ferido ou enfermo, experimentando dor, sofrimento que lhe parece *físico*, não lhe diga que é *tudo ilusão*, pois a verdade que o libertará daquela condição ele não a alcançou ainda. Trate-o como se estivesse ainda no corpo de carne. Perceba qual a sua *necessidade central* e atenda-o nessa direção. Se ele diz que o sangue escorre das feridas abertas, se diz que seus ossos estão fraturados, ou revela a sensação de esmagamento dos seus membros, transforme-se em enfermeiro(a), ou paramédico(a) e preste-lhe os primeiros socorros, tal como faria na vida material. Embora esteja aquele irmão em outra dimensão, a verdade é que *continua vivo*, suportando a carga dos seus traumas físicos e morais. Atenda-o na sua necessidade central e imediata!

Não se apresse em dizer-lhe que ele já *morreu* ou *desencarnou*, que *não está mais no corpo físico*... Observe sua condição psicológica. Talvez não seja o momento de ele saber o que realmente aconteceu.

Quando os recém-desencarnados despertam numa colônia do Plano Espiritual, notamos que seus administradores não se apressam em dizer-lhes que já *morreram* ou *desencarnaram*. Um bom exemplo desse procedimento você encontrará no livro *Sexo e destino*, de André Luiz. Leia-o.

12.7 Sarcásticos

Quando um Espírito se apresenta zombando do que fazemos, com um riso forçado, dizendo que estamos perdendo tempo, é porque se trata de um sarcástico e que está com o propósito de zombar de nós outros. Ensina Kardec que os Espíritos levianos e zombeteiros se comprazem em nos causar aborrecimentos e exercitar a nossa paciência pela nossa irreflexão (KARDEC, 2017, q. 530).

Não perca tempo com ele se observar que não se sensibiliza com suas palavras. Muitas vezes são pseudossábios apresentando argumentos sofismáticos para tomar nosso precioso tempo. Proceda com ele tal como com os galhofeiros.

12.8 Suicidas

A literatura espírita tem nos oferecido inúmeras ilustrações daqueles que *morrem,* mas, não *desencarnam*. Quando o suicida é conjugado ao médium, repassa a este suas dolorosas sensações, seus indescritíveis sofrimentos, necessitando o intermediário de cuidados especiais. Quanto ao Espírito, o esclarecedor deverá recorrer ao passe, à prece e à *sonoterapia*... Não é o momento de esclarecimentos, de evangelização, de doutrinação ou coisa semelhante, a não ser que já esteja esclarecido da sua situação e em condições de manter um diálogo.

Há que considerar, também, os suicidas indiretos.

> São, também, [suicidas indiretos] os sexólatras inveterados, os viciados deste ou daquele teor, os que *ingerem* altas cargas de tensão, os que se envenenam com o ódio e se desgastam com as paixões deletérias, os glutões e ociosos, os que cultivam o pessimismo e as enfermidades imaginárias... (FRANCO, 1985, cap. 18)

O sofrimento físico e mental do médium que abraça esses irmãos no propósito de ajudá-los é intensificado pelas cargas de energias deletérias que transitam ainda em seus corpos perispirituais. É oportuno reproduzirmos aqui a nota de Yvonne Pereira, em *Memórias de um suicida*, para que se tenha a segura noção de como poderá se apresentar diante do médium o suicida para ser socorrido:

> Certa vez, há cerca de vinte anos, um dos meus dedicados educadores espirituais — Charles — levou-me a um cemitério público do Rio de Janeiro, a fim de visitarmos um suicida que rondava os próprios despojos em putrefação. Escusado será esclarecer que tal visita foi realizada em corpo astral. O perispírito do referido suicida, hediondo qual demônio, infundiu-me pavor e repugnância. Apresentava-se completamente desfigurado e irreconhecível, coberto de cicatrizes, tantas cicatrizes quantos haviam sido os pedaços a que ficara reduzido seu envoltório

carnal, pois o desgraçado jogara-se sob as rodas de um trem de ferro, ficando despedaçado. Não há descrição possível para o estado de sofrimento desse Espírito! Estava enlouquecido, atordoado, por vezes furioso, sem se poder acalmar para raciocinar, insensível a toda e qualquer vibração que não fosse a sua imensa desgraça! *Tentamos falar-lhe: não nos ouvia! E Charles, tristemente, com acento indefinível de ternura, falou: "— Aqui, só a prece terá virtude capaz de se impor! Será o único bálsamo que poderemos destilar em seu favor, santo bastante para, após certo período de tempo, poder aliviá-lo..."* — E essas cicatrizes? — perguntei impressionada. "— Só desaparecerão" — tornou Charles — "depois da expiação do erro, da reparação em existências amargas, que requererão lágrimas ininterruptas, o que não levará menos de um século, talvez muito mais... Que Deus se amerceie dele, porque, até lá..." Durante muitos anos orei por esse infeliz irmão em minhas preces diárias" (PEREIRA, 2018, Pt. 1, cap. 2 – *Os réprobos*, Nota da médium; grifo nosso).

Somos levados a concluir que um Espírito nessas condições somente será acoplado ao médium, após devidamente preparado pelos mentores, para que o suicida descarregue parcela dos seus fluidos materializados que o atormentam. Nessas situações, ao esclarecedor cabe a ação da prece intercessória e do passe. A leitura do livro referenciado lhe dará a real noção do que se passa com o suicida.

12.9 Irmãos infelizes do pretérito alusivo aos integrantes

Tipo interessante que merece considerações. O irmão ou irmã que atua no atendimento aos desencarnados, talvez já tenha se defrontado diretamente com alguns deles que tenham caminhado lado a lado com você ou com outros companheiros da equipe em vidas passadas. Muitos não se identificam, pois, nem sempre estamos preparados para nos defrontar com nossas vítimas, revelando-nos quem verdadeiramente fomos.

O comparecimento dos nossos credores nas reuniões de desobsessão é mais comum do que imaginamos. Arnaldo Rocha, organizador, no livro *Instruções psicofônicas*, psicografado pelo inesquecível Chico Xavier, obra publicada pela FEB Editora, apresentamos uma adenda com resultados obtidos nas reuniões de desobsessão no "Grupo Meimei", em Pedro Leopoldo (MG). Consta na citada obra ditada por diversos Espíritos o registro do aproveitamento dos Espíritos atendidos nas reuniões realizadas entre os anos 1952 a 1954. Nelas foram atendidos 672 Espíritos perturbados e sofredores, estando entre eles 143 irmãos ligados ao pretérito próximo e remoto de componentes da Instituição, ou seja, 21,27%.

A partir desse resultado podemos afirmar que as reuniões de desobsessão contribuem, consideravelmente, para o equilíbrio psíquico-espiritual dos seus componentes e demais trabalhadores da Instituição.

Por essas e outras razões é que André Luiz afirma no capítulo 64 – *Benefícios da desobsessão* do livro em estudo:

> Erraríamos frontalmente se julgássemos que a desobsessão apenas auxilia os desencarnados que ainda pervagam nas sombras da mente.
> Semelhantes atividades beneficiam a eles, a nós, bem assim os que nos partilham a experiência cotidiana, seja em casa ou fora do reduto doméstico, e, ainda, os próprios lugares espaciais em que se desenvolve a nossa influência (XAVIER; VIEIRA, 2017).

13
Socorrendo o enfermo espiritual

André Luiz dedica cinco capítulos do seu livro (32 ao 36) para nos orientar como proceder com os Espíritos que se manifestam em condição de desequilíbrio e sofrimento, exigindo a *conjugação de bondade e segurança, humildade e vigilância do esclarecedor*. Já no capítulo 32 – *Manifestação de enfermo espiritual (I)* ele nos chama a atenção de "[...] que não será possível concordar com todas as exigências que formule; no entanto, não é justo reclamar-lhe entendimento normal de que se acha ainda talvez longe de possuir" (XAVIER; VIEIRA, 2017).

Daqui para frente vamos pontuar alguns termos e expressões que acreditamos devam o nosso entendimento ser ampliado sobre eles, objetivando eficiência e eficácia no diálogo com o socorrido.

13.1 Animismo

O autor de *Desobsessão* refere-se ao "animismo ou mistificação inconsciente" que é possível surgir por meio do médium em transe. Aqui nos ocuparemos apenas do *animismo*, deixando a *mistificação* para tratarmos em um item específico.

Sob o ponto de vista espírita, denomina-se animismo a manifestação da alma do próprio médium, que, em transe, se exterioriza, ou seja, se emancipa e manifesta seus pensamentos, sentimentos e dores. Difere, pois, da comunicação mediúnica, propriamente dita, em que um Espírito desencarnado se manifesta por intermédio do médium. No animismo, por razões diversas, a alma realiza a emersão a algum momento de uma de suas vidas pregressas ou da existência atual e permite a migração de clichês mentais do inconsciente profundo ou atual para o consciente.

Nos domínios da mediunidade, capítulo 22 – *Emersão do passado*, você encontrará exemplo enriquecedor sobre esse fenômeno. Lá o mentor Áulus, esclarecendo o comportamento de uma senhora que grita desesperada, acusando uma entidade de covarde, dizendo que ele deseja apunhalá-la, diz:

— Estamos diante do passado de nossa companheira. A mágoa e o azedume, tanto quanto a personalidade supostamente exótica de que dá testemunho, *tudo procede dela mesma... Ante a aproximação de antigo desafeto*, que ainda a persegue de nosso plano, revive a experiência dolorosa que lhe ocorreu, em cidade do Velho Mundo, no século passado, e entra em seguida a padecer insopitável melancolia (XAVIER, 2015b; grifo nosso).

Portanto, ante o fenômeno do animismo, quando devidamente identificado, o esclarecedor continuará praticando a terapia da caridade com o companheiro de jornada da mesma forma como age com outras entidades, sem espírito de censura ou de escândalo.

O médium, em tormento de animismo, é alguém doente que necessita da palavra de orientação e do roteiro que o liberte dessa fixação que vem, não raro, do passado, quando ludibriava conscientemente, sendo agora vítima de ludíbrio inconsciente. Em qualquer circunstância, seja no exercício da mediunidade ou da orientação mediúnica, a caridade e o exemplo devem ser as molas propulsoras para os resultados felizes que se espera (FRANCO, 1986, cap. 5).

13.2 Mistificação

A mistificação inconsciente é possível acontecer nas reuniões de desobsessão, por mais bem-intencionados sejam os médiuns psicofônicos a serviço de Jesus. O orador e escritor Divaldo Pereira Franco, com longa e segura experiência nas lides mediúnicas ensina que:

> Quando o médium, concentrado, sentir o estímulo, e ele próprio acelerar as ideias, isto não é uma comunicação, nem tampouco animismo, é uma mistificação do "ego" consciente. Por esta razão é que o doutrinador deve esperar um pouco para que o Espírito se acople e induza o médium a exteriorizar as sensações (MIRANDA, 2000, Pt. 2, *Posturas*, q. 52).

O Espírito Vianna de Carvalho informa que a mistificação pode ter várias procedências e, entre elas, destaca:

- Dos Espíritos que se comunicam, denunciando a sua inferioridade e demonstrando falhas no comportamento do medianeiro, que lhes ensejou a farsa; às vezes, *apesar das qualidades morais relevantes do médium, este pode ser vítima de embuste,* que é permitido pelos seus instrutores desencarnados com o fim de por-lhe à prova a humildade, a vigilância e o equilíbrio (grifo nosso);

- Involuntariamente, quando o próprio Espírito do médium não logra ser um fiel intérprete da mensagem, por encontrar-se em aturdimento, com estafa, desgaste e desajustado emocionalmente;
- Inconscientemente, em razão da liberação dos arquivos da memória — animismo — ou por captação telepática direta ou indireta;
- Por fim, quando se sentindo sem a presença dos comunicantes e sem valor moral para explicar a ocorrência, apela para a mistificação consciente e infeliz, derrapando no gravame moral significativo (FRANCO, 1990, cap. 14).

Diante dessas possibilidades de a mistificação acontecer, só nos resta buscar o estudo para a compreensão cada vez mais segura da complexidade do intercâmbio mediúnico, e nos desvencilharmos da vaidade, do orgulho e exercitar a humildade, a mãe de todas as virtudes, para que, assim, possamos contar, mais seguramente, com a assistência espiritual superior, no desenvolvimento das nossas atividades socorristas.

13.3 Hipnose

Começamos este pequeno estudo citando o Espírito estudioso da mediunidade, Manoel Philomeno de Miranda:

É de muita utilidade a hipnose como recurso terapêutico em favor dos Espíritos comunicantes *desde que se saiba aplicá-la corretamente*, até porque essa terapia, na maioria dos casos, irá funcionar como contra-hipnose no sentido de diluir fixações mentais deprimentes que eles próprios se autoinfligiram ou que neles foram implantadas pelos Espíritos agressivos e dominadores que infestam os Planos Espirituais de densidade inferior (MIRANDA, 2000, Pt. 3, *Hipnose*, q. 100; grifo nosso)"

Michaelus, no livro *Magnetismo espiritual*, publicação da FEB Editora, ensina que o hipnotismo deriva diretamente do mesmerismo criado pelo médico alemão Franz Antoine Mesmer (1733–1815). Este desenvolveu procedimentos para a cura de enfermidades físicas e mentais com base na sua teoria do magnetismo animal. O cientista inglês Jaime Braid (1795–1860), ao lado de outros luminares da época, estudou com rigor científico o magnetismo animal e o denominou de *hipnotismo* para satisfazer as exigências dos doutores das academias que não aceitavam as concepções de fluidos, de matéria sutil, de agentes sobrenaturais a serem introduzidas na ciência materialista. Das pesquisas feitas, chegou à conclusão que entre os fenômenos conseguidos pela hipnose, situavam-se a alteração da consciência, limitação temporária da vontade, maior receptividade às sugestões estranhas, ilusões, alucinações, exaltação da atenção e permanência de sugestões pós-hipnóticas.

A prática da hipnose é sobejamente utilizada no Plano Espiritual, contando com profundos conhecedores e hábeis executores dessa técnica de indução, tanto entre os Espíritos que estão a serviço do Bem, como entre aqueles que ainda se debatem nas sombras de suas paixões, lutando inutilmente contra o Evangelho de Jesus. Os Espíritos Superiores utilizam-se da hipnose para socorrer, para ajudar, para aliviar, para corrigir desvios. Os equivocados, para dominar e punir.

Ensina-nos Divaldo Franco que "A hipnose se baseia fundamentalmente na ação sugestiva, uma sequência de ordens e apelos que o agente dirige ao paciente, estando este preparado para receber a terapia [...]" (MIRANDA, 2000). Por isso se faz necessário que o esclarecedor alcance, naquele que socorre, o estado de *sugestionabilidade* para usar os recursos que o magnetismo nos oferece. Atentemos para a lição:

> [...] Arrefecido o ânimo agitado da entidade, e já dando esta os primeiros sinais de entrega, deve o doutrinador parar a fala discursiva e, escolhida a sugestão, compatível com a necessidade do comunicante, ficar a repeti-la com voz pausada, clara e incisiva até envolvê-lo totalmente na energia da sugestão, se necessário aplicando passes longitudinais, a partir do chakra cerebral (MIRANDA, 2000, Pt. 3, *Hipnose*, q. 100).

O esclarecedor escolherá a sugestão que corresponda à necessidade do comunicante (dormir, não sentir frio, tranquilizar-se com relação a alguma ameaça, libertar-se de visões que o atormentam, anestesiar-lhe a dor etc.), e repetirá com voz firme e pausadamente, na forma de impulsos magnéticos, o seu desejo, até envolvê-lo totalmente na energia da sugestão.

13.4 Hipnose construtiva

Esse procedimento, abordado por André Luiz, no capítulo 33 – *Manifestação de enfermo espiritual (II)* requer do esclarecedor a movimentação da *fé humana e da fé divina*. Deverá ter a certeza absoluta de que está sendo acompanhado nos seus propósitos pelos Espíritos Superiores e que as sugestões direcionadas ao doente, no sentido de suavizar-lhe a aflição, serão atendidas pelos técnicos invisíveis, na medida da Lei da Causa e Efeito, de merecimento e da Misericórdia Divina.

Consiste na técnica pela sugestão ou solicitação aos trabalhadores do outro lado da vida, a elaboração de substâncias ou apetrechos que aliviem o sofrimento do socorrido e lhe encha de esperanças. O esclarecedor na condição de médico, paramédico, enfermeiro, bombeiro ou qualquer outra em que tenha de prestar os primeiros socorros ao Espírito ainda preso ao cenário e às sensações da sua morte recente ou remota, por vezes necessita de fazer uso da *hipnose construtiva*:

- Ministrar um medicamento para aliviar-lhe a dor.
- Oferecer-lhe um xarope que o faça parar de tossir.
- Improvisar um curativo para estancar a hemorragia de um ferimento.
- Elaborar uma atadura para envolver algum membro ferido.
- Oferecer um agasalho para quem tirita de frio.
- Oferecer um antídoto que o torne sóbrio para poder dialogar.
- Reconstruir membros dos que desencarnaram com mutilações e outras deformidades.

O esclarecedor para alcançar resultados satisfatórios informará ao socorrido o que está providenciando no momento para ajudá-lo, dando um tempo para que a Espiritualidade que lhe assiste tome as devidas providências e repetindo o que deseja seja providenciado com palavras seguras, revestidas de fé e confiança em Jesus e nos seus servidores, para que os recursos solicitados se materializem.

Ainda no uso da *hipnose construtiva*, o esclarecedor poderá induzir o atendido a visualizar quadros mentais, tais como benfeitores espirituais que estão ao seu lado para ajudá-lo; a identificar a presença de parente ou amigo que já retornaram à Vida Espiritual, para mais facilmente aceitar, quando for o caso, que já desencarnou; sugerir a lembrança de momentos significativos de sua existência pela projeção de quadros que os levem à sensibilização, favorecendo o seu arrependimento.

Ouçamos André Luiz, que nos certifica da atuação dos trabalhadores do plano invisível na projeção de quadros mentais:

[...] Otávia, provisoriamente desligada dos veículos físicos, mantinha-se agora algo confusa, em vista de encontrar-se envolvida em fluidos desequilibrados, não mostrando a mesma lucidez que lhe observáramos anteriormente; todavia, a assistência que recebia dos amigos de nosso plano era muito maior.
Um instrutor de elevada condição hierárquica substituiu Alexandre junto da médium, passando o meu orientador a inspirar diretamente o colaborador encarnado, que dirigia a reunião.
Enquanto isto ocorria, *vários ajudantes de serviço recolhiam as forças mentais emitidas pelos irmãos presentes, inclusive as que fluíam abundantemente do organismo mediúnico*, o que, embora não fosse novidade, me surpreendeu pelas características diferentes com que o trabalho era levado a efeito.
Não pude conter-me e interpelei um amigo em atividade nesse setor.
— *Esse material* — explicou-me ele, bondosamente — *representa vigorosos recursos plásticos para que os benfeitores de nossa esfera se façam visíveis aos irmãos perturbados e aflitos ou para que materializem provisoriamente certas imagens ou quadros, indispensáveis ao reavivamento da emotividade e da confiança nas almas infelizes.*[...] (XAVIER, 2017c, cap. 17 – Doutrinação; grifo nosso).

Os *recursos de contenção* sugeridos no capítulo 33, podem ser providenciados, também, com a cooperação do esclarecedor, usando a *hipnose construtiva*, tendo a certeza que está sendo subsidiado pelos mentores da tarefa em curso, e imobilizar o manifestante alvoroçado, sugestionando-lhe amarras, cinta de segurança, soníferos, imobilidade dos membros etc., sempre com o intuito de cooperar com o enfermo e manter a ordem do ambiente (XAVIER; VIEIRA, 2017).

13.5 Hipnose benéfica

O assunto é tratado no capítulo 37 – *Esclarecimento* do livro estudado (XAVIER; VIEIRA, 2017), quando o autor adverte que há momento em que se faz necessária a intervenção do esclarecedor para aplicar a *hipnose benéfica*, balsamizando o irmão que se apresenta em sofrimento ou perturbado. *Sem condições de diálogo, a hipnose se faz urgente para abrandar-lhe a dor* e, outras vezes, para cooperar no seu desligamento do instrumento mediúnico, quando sua permanência demorada provoca ingente sofrimento ao médium.

No capítulo da hipnose benéfica cabem procedimentos que se podem incorporar ao atendimento, oferecendo uma ajuda a mais. São eles as *sugestões pós-hipnótica* e a *auto-hipnose*.

As *sugestões pós-hipnótica* são aquelas em que o esclarecedor, após o diálogo desenvolvido e a sugestão dada para o paciente dormir, dirá a ele palavras de encorajamento, fortalecendo sua esperança e sua fé, tais como: *ao acordar vai sentir-se seguro, certo de que será vencedor de suas próprias imperfeições; ao acordar sentirá que é capaz de amar e de perdoar...* Diga-lhe com firmeza: *Deus o ama; lembre-se disso: Deus o ama; você poderá ser feliz. Essas palavras são como impulsos magnéticos que saem do esclarecedor e se alojam no campo mental do enfermo, dando-lhe esperanças.*

Vejamos um exemplo de uso de hipnose benéfica oferecido a nós pelo mentor Manoel Philomeno de Miranda:

[...] Oh, nunca poderei esquecer, perdoar, amar, nunca, nunca!... O irmão Saturnino, semi-incorporado no venerando doutrinador, ergueu-o, e, dirigindo-se ao perturbador-perturbado, em

oração, começou a aplicar-lhe passes, de modo a diminuir-lhe as agudíssimas ulcerações e torturas. Branda claridade envolveu o comunicante, enquanto as mãos de Saturnino, justapostas às de Petitinga [o esclarecedor], como depósitos de radiosa *energia*, que também *se exteriorizava do plexo cardíaco do passista*, lentamente penetrou os centros de força do desencarnado, como a anestesiar-lhe a organização perispiritual em desalinho.
Com voz compassiva, o diretor dos trabalhos começou a *exortar*: *Durma, durma* meu irmão... O sono far-lhe-á bem. *Procure tudo esquecer para somente lembrar-se de que hoje é novo dia... Durma, durma, durma...*
Banhado pela energia balsamizante e dominado pelas vibrações hipnóticas que *fluíam de Saturnino através de Petitinga*, o perseguidor foi vencido por estranho torpor, sendo desligado do médium por devotados assessores desencarnados, que cooperavam no serviço de iluminação (FRANCO, 2016, cap. 1 – *A família Soares*; grifo nosso).

A *auto-hipnose* é aquela em que o esclarecedor busca levar o Espírito ao encontro de sua melhor autoestima, retirando-o do campo de fixação onde, até então, estagiava, fazendo com que ele se liberte do seu estado depressivo.

Quase sempre, aquele que se arrepende sinceramente de ter atuado contra as leis morais divinas, passa a sentir-se indigno da Misericórdia do Criador, como se fosse um réprobo que não merecesse perdão pelo mal que fez. É o momento de lembrar-lhe que somos todos filhos de um só Pai, e que já estivemos nas mesmas condições e fomos beneficiados com a Misericórdia Divina e do amparo de Jesus. Faça com que repita palavras ou expressões de energias positivas, como por exemplo: *Eu sou filho de Deus, eu sou filho de Deus; Deus me ama...* E assim por diante. Dessa forma ele passará a acreditar no que diz e, ao acordar, se sentirá fortalecido e percebendo que tudo o que o rodeia é manifestação do amor de Deus.

Ainda no uso da hipnose benéfica, lembramos o recurso da *sonoterapia* que poderá ser buscada pelo esclarecedor. A Medicina adota a sonoterapia quando alguém está sob considerável pressão de estresse ou depressão. A maioria dos recém-desencarnados é beneficiada com um sono reparador, despertando mais calmos no Mundo Espiritual, pois a sonoterapia promove o alívio dos sintomas psíquicos e corporais.

Adotando a hipnose, o esclarecedor induzirá o Espírito com uso da palavra *durma*, repetida de forma cadenciada e com energia, até que perceba o desligamento dele do médium que o recepcionou. Os instrutores espirituais se encarregarão de conduzi-lo dali para frente. Esse procedimento poderá ser adotado com os Espíritos que se encontram em condição afligente ou que insistam em não aceitar o diálogo renovador, mantendo-se agressivo e desrespeitoso.

13.6 Choque anímico

Sem dúvida, o caro leitor ou leitora, que já atua no atendimento aos desencarnados, experienciou um momento em que a entidade comunicante se apresenta em sofrimento atroz, impossibilitada de conversar ou fazendo indagações, tais como: *Onde estou? O que aconteceu comigo? Como cheguei aqui? Por que estou preso?* E depois de fazer algumas reclamações, silencia e, imediatamente se desacopla do médium, deixando-o estafado e, às vezes, confuso. Provavelmente o Espírito foi colocado em contato com o médium para receber um *choque anímico*. Sim, esse é o nome de um recurso que os mentores espirituais adotam para cooperar com a mudança de pensamento e de sentimento de entidades malfazejas e recalcitrantes e que resistem a sua transformação. Não há violência nesse procedimento. Trata-se de um recurso para livrar o Espírito da excessiva carga do fluido animal que ainda mantém consigo e que o deixa invulnerável à influência magnética das preces e dos bons sentimentos a ele dirigidos. Atentemos para o que nos diz o Espírito Philomeno de Miranda:

> Na *comunicação física* o perispírito do médium encarnado absorve parte dessa energia cristalizada, diminuindo-a no Espírito, e ele, por sua vez, receberá um *choque do fluido animal do instrumento*, que tem a finalidade de abalar as camadas sucessivas das ideias absorvidas e nele condensadas.
> Quando um Espírito de baixo teor mental se comunica, mesmo que não seja convenientemente atendido, o referido *choque do fluido animal* produz-lhe alteração vibratória melhorando-lhe a condição psíquica e predispondo-o a próximo despertamento. No caso daqueles que tiveram desencarnação violenta — suicidas, assassinados, acidentados, em guerras — por serem portadores de altas doses de energia vital, descarregam parte delas no médium, que as absorve com pesadas cargas de mal-estar, de indisposição e até mesmo de pequenos distúrbios para logo eliminá-las, beneficiando o comunicante que se sente melhor com menos penoso volume de aflições... Eis por que a mediunidade dignificada é sempre veículo de amor e caridade, porta de renovação e escada de ascensão para o seu possuidor (FRANCO, 2014, *A luta prossegue*).

Segundo nos informa o valoroso médium Divaldo Franco:

> A função das comunicações dos Espíritos sofredores tem por finalidade primordial o seu contato com o *fluido animalizado* do médium para que ocorra o chamado *choque anímico*. Allan Kardec usou a expressão *fluido animalizado* ou animal, porque, quando o Espírito se acopla ao sensitivo para o fenômeno da

psicofonia ou psicografia, recebe uma alta carga de energia animalizada que lhe produz um choque.
[...]
Quando se dá a incorporação, o Espírito recebe um choque vibratório que o aturde. *Se nessa hora forem dadas muitas informações, este estado se complica ainda mais e a entidade não assimila, como seria de desejar, o socorro de emergência a ser ministrado.*
O doutrinador deve ser breve, simples e, sobretudo, gentil, para que o desencarnado receba mais pelas suas vibrações do que pelas palavras [...] (MIRANDA, 2000, Pt. 2, *Doutrinação*, q. 65; grifo nosso).

No livro *Nas fronteiras da loucura*, capítulo 25 – *Técnica de libertação*, o Espírito Dr. Bezerra de Menezes tem sob sua responsabilidade a busca de uma solução para o processo obsessivo em que o Espírito Ricardo, que fora impedido de renascer, porque Julinda o abortara, se mantém em vigília, no hospital, destilando fluidos deletérios sobre ela, forçando seu retorno ao Plano Espiritual para que, assim, possa consumar sua vingança. O nobre "Médico dos Pobres", observando que Ricardo está invulnerável a sua influência, o induz ao sono magnético e o conduz por meio de sua força mental até à Casa Espírita, onde foi acoplado ao médium de psicofonia inconsciente, devidamente preparado. Ricardo, que até então estava adormecido magneticamente, despertou tentando desvencilhar-se daquela situação que o incomodava, e manifestou-se pelos lábios do médium: "— Que faço aqui? [...] E onde me encontro? Que se pretende de mim?"

Após um rápido diálogo, o esclarecedor estreitamente inspirado pelo Dr. Bezerra, que acompanhava a tarefa sob controle... "[...] passou a aplicar passes no médium, enquanto o Mentor desprendia Ricardo, que se liberou, partindo na direção de Julinda, sob a força da imantação demorada a que se fixara, *não se dando conta de como sequer retornava*" (FRANCO, 1987; grifo nosso).

Mas lá chegando ele [ao hospital de onde saíra], como resultado do choque anímico, debilitou-se e entrou em sono profundo, fazendo a catarse, permitindo emergir reminiscências desagradáveis alojadas no seu inconsciente profundo, as quais vitalizavam suas paixões inferiores. O choque anímico iria produzir nele a terapia de que necessitava para iniciar a refletir na direção do bem.

Eis aí o resultado benéfico de um choque anímico. No entanto, busquemos mais ensinamentos sobre esse método de libertação adotado pelos Espíritos Superiores, para consolidar nosso conhecimento e entendimento a seu respeito.

> Não se surpreenda o amigo Miranda [diz o Dr. Bezerra de Menezes]. Da mesma forma que, na terapia do eletrochoque, aplicada a pacientes mentais, os Espíritos que se lhes imantam recebem a carga de eletricidade, deslocando-se com certa violência dos seus *hospedeiros*, aqui o aplicamos, por meio da psicofonia atormentada, que preferimos utilizar com o nome de *incorporação*, por parecer-nos mais compatível com o tipo de tratamento empregado, e colhemos resultados equivalentes.
> Não ignora o amigo que, do mesmo modo que o médium, pelo perispírito, absorve as energias dos comunicantes espirituais que, no caso de estarem em sofrimento, perturbação ou desespero, de imediato experimentam melhora no estado geral, por diminuir-lhes a carga vibratória prejudicial, a recíproca é verdadeira... Trazido o Espírito rebelde o malfazejo ao fenômeno da incorporação, o perispírito do médium transmite-lhe alta carga fluídica *animal*, chamemo-la assim, que bem comandada aturde-o, fá-lo quebrar algemas e mudar a maneira de pensar... (FRANCO, 2018, cap. 11 – *Técnicas de libertação*).

Kardec, o fiel intérprete dos Espíritos encarregados da Terceira Revelação, já deixava claro esse princípio da troca de energias fluídicas entre o perispírito do Espírito comunicante e o do médium. Escreveu:

> Sendo o perispírito dos encarnados de natureza idêntica à dos fluidos espirituais, ele os assimila com facilidade, qual se fora uma esponja a embeber-se de um líquido. Esses fluidos exercem sobre o perispírito uma ação tanto mais direta quanto, por sua expansão e sua irradiação, o perispírito acaba se confundindo com eles (KARDEC, 2013, c ap. 14, it. 18).

Devemos admitir, portanto, que o médium psicofônico absorve, qual esponja humana, as energias danosas do Espírito sofredor que nele se acopla, enquanto oferece vigorosa doação de seus fluidos para o enfermo, sendo, por essa razão, tomado de certo esgotamento momentâneo. Mas devemos lembrar que, antes da comunicação, o médium se satura de fluidos vitais e que os técnicos suprem toda deficiência que, porventura, venha a apresentar-se em seu complexo físico ou perispirítico. Se o médium se queixar de sua condição fragilizada deverá receber passes longitudinais dispersivos e a informação de que durante à noite recuperar-se-á plenamente.

Diante dessas situações, lembremo-nos dessas lições e ajamos no sentido de cooperar mais eficientemente com a Espiritualidade que nos assiste, compreendendo perfeitamente o que se passa.

13.7 Expressão do sofredor

Esta recomendação do amigo de Lísias destina-se tanto ao médium quanto ao esclarecedor. É natural que a entidade se apresente nas condições morais e emocionais que lhe é própria naquele momento, anunciando ao esclarecedor com quem ele vai dialogar. Somente os exageros do ponto de vista oral e físico é que devem ser administrados com segurança pelo médium e pelo esclarecedor. A ira, o ódio, o desejo de vingança, a impaciência do irmão comunicante são sinais que anunciam qual será o formato do diálogo e tipo de socorro a serem adotados no momento. Alerta-nos André Luiz, no capítulo 34 – *Manifestação de enfermo espiritual (III)*:

> Os esclarecedores permitirão aos Espíritos sofredores que se exprimam pelos médiuns psicofônicos tanto quanto possível, em matéria de desinibição ou desabafo, desde que a integridade dos médiuns e a dignidade do recinto sejam respeitadas, considerando, porém, que as manifestações devem obedecer às disciplinas de tempo (XAVIER; VIEIRA, 2017).

Mais uma vez, o referido mentor insiste no rigor do tempo, dizendo-nos sutilmente que as manifestações tumultuárias de entidades recalcitrantes e destrambelhadas não são motivos suficientes para que o período de atendimento individual seja esquecido. Somente em casos excepcionais é admissível ir além dos dez minutos. Mas, cuidado para que a exceção não se torne regra em razão do interesse especulativo do esclarecedor ou sua dificuldade de conduzir o diálogo, deixando-se levar por quem deseja tomar-lhe o tempo.

13.8 Psicoterapia

Ainda no mesmo capítulo citado acima, no intuito de nos fazer melhor entender a importância do diálogo durante o atendimento aos Espíritos sofredores ensina "[...] que o esclarecimento aos desencarnados sofredores é semelhante à psicoterapia e que a reunião é tratamento em grupo, cabendo-lhes, quando e quanto possível, a aplicação dos métodos evangélicos [...]".

É válido ampliar nosso entendimento sobre o assunto.

Psicoterapia é o conjunto de meios e de técnicas capazes de influir beneficamente sobre o psiquismo do paciente, quando as suas manifestações são consideradas fora dos padrões considerados normais. Uma das formas mais comuns desse tratamento, hoje em dia, é o diálogo, quando o profissional e o seu cliente abordam problemas que afligem este último pela conversação.

Devemos entender que a semelhança lembrada por André Luiz se deve ao fato de que no socorro aos desencarnados, o esclarecedor tem como terapia básica a palavra usada na sugestão, persuasão, no convite à reflexão, fugindo da censura e do preconceito, visando, antes de tudo, restabelecer o equilíbrio emocional do irmão socorrido, fundamentando-se nas promessas do Evangelho de Jesus.

> A psicoterapia da bondade, ungida de compaixão pelo atormentado, consegue sensibilizá-lo, levando-o, não poucas vezes, às lágrimas de arrependimento, quando são esclarecidos em torno do mal que praticaram, considerando-se tão perversos quanto aqueles que pretendiam justiçar. Descobrindo-se como seres que também se equivocam e que merecem oportunidade para recuperação, libertam aqueles que haviam algemado nas suas tenazes, concedendo-lhes o perdão e seguindo no rumo da própria felicidade. Em ocasiões especiais, volvem ao proscênio terrestre, mediante a reencarnação, como filhos dos inimigos, a fim de que o amor propicie a reparação dos danos causados à afetividade que foi violentada. O mecanismo do amor liberta a vítima e o algoz, a ambos ensejando a reparação, porquanto, o bem ou o mal que se pratique, será sempre em relação às leis cósmicas que regem a vida e não aos indivíduos que

se encontram incursos nos compromissos de autoiluminação (FRANCO, 2006, cap. 8).

13.9 Centro de interesse do enfermo espiritual

Observa o médico de Nosso Lar, no capítulo 34 – *Manifestação de enfermo espiritual (III)*, [...] que a parte essencial no entendimento é atingir o centro de interesse do Espírito preso a ideias fixas, para que se lhes descongestione o campo mental [...] (XAVIER; VIEIRA, 2017). E, alhures, insiste em dizer-nos "[...] *A ideia fixa* pode operar a indefinida *estagnação da vida mental no tempo*" (XAVIER, 2015b, cap. 25 – *Em torno da fixação mental*; grifo nosso).

Usando o tato psicológico, devemos identificar o *centro de interesse* ou a necessidade principal do enfermo espiritual que nos é trazido pelos benfeitores. Perguntemo-nos:

- Apresenta-se com a mente cristalizada no tempo, em alguma coisa ou em alguém?
- Necessita dos recursos da hipnose construtiva?
- Alimenta ódio que o faz sofrer demasiadamente?
- Está sendo perseguido pela sombra da culpa?
- É um recém-desencarnado de forma violenta? E daí por diante.

Quando não demonstrada a necessidade central pelos sintomas que apresenta, na maioria das vezes (dor, medo, fixação mental, alienação, visão atormentadora etc.), é o momento de o esclarecedor ampliar seu campo mental para mais afinada sintonia com os mentores e agir com segurança. Se o socorrido tem a mente cristalizada em alguém, alguma coisa deve-se desviá-lo do foco com perguntas que lhe provoquem o sentimento bom, o arrependimento ou a reflexão. Nenhum discurso ou divagação desnecessária, sem antes ter certeza que o Espírito está mesmo lhe ouvindo.

O escritor Sucena relata um caso interessante de um Espírito feminino que se manifesta dizendo que está com muita dor de cabeça. Ele oferece um comprimido (hipnose construtiva), mas ela recusa, dizendo que "não vai chegar a tempo no show". O esclarecedor insiste, assegurando que vai demorar quase nada... Mas ela recusa, dizendo que está em cima da hora e, por certo tempo ele nada conseguiu... Uma esclarecedora inspirada se aproximou dele e lhe disse: "Diga à moça que o show foi adiado". Depois de argumentar nessa direção, esclarecendo as razões do adiamento, ela concordou em tomar o remédio e foi recolhida pelos amigos da Casa (SUCENA, 2010, cap. 2).

Concluímos com o autor que a *necessidade central* daquela irmã *era ir ao show*! Provavelmente ela desencarnou com esse propósito... Tirado da sua mente aquela *ideia fixa*, o encaminhamento para a solução do problema que lhe afligia foi alcançado com sucesso.

Certa feita, atendemos um irmão que se lamentava de ter perdido sua família na enxurrada. Perguntei-lhe se tinha mesmo certeza que todos haviam morrido e ele dizia que sim. Que ele havia desencarnado era o certo para mim, mas com relação à mulher e aos filhos eu não podia assegurar... Mas ele insistia que todos haviam morrido... Tentei convencê-lo de que a morte era uma coisa natural e que ele deveria aceitar para não sofrer ainda mais. Mas ele insistia em procurar os familiares mortos. De repente veio a intuição:

— Em que local você está procurando sua família?

— Aqui no rio! Onde você queria que fosse? Não vê que estou dentro d'água? (Claro que eu não estava vendo mesmo.)

Somente, então, percebi que sua *necessidade central* era sair daquele panorama cristalizado em sua mente, pela suprema dor da separação dos seus entes queridos.

Convidei-o, então a sair da água e juntos procurarmos seus amados em outros locais, pois ali ele não os encontraria. Admitiu que estávamos certo e concordou em sair da água. *Dei-lhe a mão* (um Espírito ajudante deu-lhe a mão, sem dúvida) e levei-o para a margem, entregando-o aos companheiros espirituais para que, juntos, *procurassem* com ele os familiares.

A *necessidade central* dele era se libertar daquela cena que o terrificou, cristalizando sua mente, e não o esclarecer sobre quaisquer outras coisas, nem falar de Evangelho ou de Doutrina naquele instante.

Talvez o leitor estranhe que o irmão fixado na procura de seus familiares não tenha ouvido o chamamento das entidades ali presentes que desejavam lhe ajudar, mas ouviu a mim, um ser humano... Allan Kardec também buscou saber por que se fazia necessária a cooperação do homem para ajudar os desencarnados, quando os Espíritos Superiores teriam mais poder de influência do que o próprio homem... A resposta revelou que os Espíritos sofredores têm necessidade de ouvir os encarnados, pois nem sempre podem ouvir os Espíritos Superiores:

> [...] Os Espíritos elevados só lhes podem falar em nome de Deus e isto os apavora. O homem, evidentemente, não dispõe de mais poder do que os Espíritos Superiores, mas sua linguagem se identifica melhor com a natureza daqueles outros e, ao verem o ascendente que o homem pode exercer sobre os Espíritos inferiores, compreendem melhor a solidariedade que existe entre o céu e a Terra. [...] (KARDEC, 2016 a, cap. 23, it. 254, q. 5-a; grifo nosso).

14
Fases do atendimento

[...] O esclarecimento não será, todavia, longo em demasia, compreendendo-se que há determinações de horário e que outros casos requisitam atendimento. A palestra reeducativa, ressalvadas as situações excepcionais, não perdurará, assim, além de dez minutos (XAVIER; VIEIRA, 2017, cap. 37 – *Esclarecimento*)

Por razão meramente didática e para favorecer o nosso aprimoramento no trabalho que realizamos, dividimos o tempo de atendimento ao desencarnado, *que não deverá perdurar além de dez minutos*, em cinco fases ou momentos, quais sejam: *sintonização, abordagem, diálogo, encaminhamento e atenção ao médium na saída do transe.*

14.1 Sintonização

Ao ser indicado pelo dirigente para se aproximar do médium e fazer o atendimento à entidade que por ele se manifestará, o esclarecedor deverá buscar a sintonia com aquela entidade espiritual que o ajudará, inspirando-o a realizar um diálogo o mais eficiente possível, valorizando o tempo que lhe é dado. Orientamos que se sente ao lado do médium e faça uma oração silenciosa. Solicite inspiração para detectar a necessidade central do Espírito que lhe será confiado. Confie que não está só e que é apenas um instrumento a serviço da caridade. Use o poder da sua mente, *amplie sua aura* e a torne acessível às mais elevadas irradiações mentais da entidade que está ao seu lado, para ajudá-lo na convivência momentânea. O tempo de sintonização não deve ultrapassar quinze segundos, pois há alguém à espera do seu socorro.

14.2 Abordagem

Chamamos de *abordagem* o momento em que você pronuncia as primeiras palavras, na esperança de entabular uma conversação com o desencarnado. Antes, no entanto, deverá observar como se encontra o médium em termos de transe. Duas situações distintas se apresentam: a) o médium ainda não está em transe; b) o médium já está mediunizado e o Espírito ansioso para se manifestar. Contudo, nem sempre é possível ao esclarecedor distinguir essas situações, eis por que sugerimos que adote o uso de uma interrogativa impessoal: *Pode nos dizer o que está se passando ou sentindo?* Ou algo semelhante.

Se o médium não estiver em transe, responderá o que se passa, o que sente, o que vê, o que ouve, ajudando consideravelmente o esclarecedor com aquelas informações. Se já estiver mediunizado, quem se manifestará será o Espírito, dizendo a que veio, apresentando-se como sofredor, revoltado, sarcástico ou ameaçador.

Na abordagem se faz imprescindível o uso do importante *tato psicológico*. Recomenda-se não adotar as seguintes expressões:

boa noite ou bom dia (na condição de perturbado, o Espírito não sabe se é noite ou dia); *você está num Centro Espírita* (estamos ali para atender sem qualquer descriminação); *sou seu amigo e desejo ajudá-lo* (ele não o conhece e não acredita no que diz); *sou seu irmão e lhe quero muito bem* (se foi evangélico não o aceita como tal)... Tais frases poderão estar, verdadeiramente, expressando nossos sentimentos, mas para quem está em sofrimento atroz ou revoltado, alimentando ódio e desejo de vingança, o entendimento é outro, pois tais expressões lhes parecem irônicas ou simplesmente formais.

Imagine-se enfermo, em cima de uma maca, contorcendo-se de dor ou em desespero, por não saber o que está se passando com seus familiares que foram vítimas do mesmo desastre, ouvindo do enfermeiro, no desejo sincero de ajudá-lo lhe dizer: *Bom dia*! *Seja bem-vindo*...

Uma companheira de trabalho nos contou, constrangida, que certa feita disse à entidade, quando lhe perguntou onde estava e ela imediatamente informou: *está num hospital de almas.* A entidade, que não sabia que havia morrido se desesperou... Portanto, tomemos cuidado com a recepção ao atendido e com as respostas que devamos dar a ele.

14.3 Encaminhamento

Por que não *conclusão*? É porque essa, na realidade, não sabemos quando se dará. A cura de si mesmo é resultante do esforço de cada um. Após ofertarmos a nossa pequena ajuda àquele ou àquela que nos foi recomendado(a) pela Espiritualidade, devolvemo-los sob a responsabilidade dela, agradecendo ao Mestre Jesus a oportunidade do momento. O encaminhamento poderá ser feito com uma oração ou um pedido à Espiritualidade para que o socorrido seja conduzido a alguma enfermaria ou colônia onde encontre a sintonia necessária ao seu reequilíbrio. Acontece muitas vezes pedirmos que o Espírito acompanhe alguém que o ama, que o levou até ali e que está presente, à sua espera. Não há segredos para esse momento. Tudo se faz de maneira natural. Atenção com o médium na saída do transe. Ao terminar o encaminhamento, nem sempre o médium retorna imediatamente do transe em que se manteve, necessitando de ajuda do esclarecedor. Os procedimentos propostos são os mesmos do item 6.5 (Saída do transe mediúnico).

15
A dimensão do diálogo

No período que antecede à Codificação, a desobsessão era realizada pelo exorcismo — como já vimos anteriormente — ou por rituais cabalísticos de correntes religiosas não ortodoxas. Ainda hoje alguns segmentos do Cristianismo tratam os Espíritos infelizes como se fossem demônios, adotando procedimentos descaridosos e ineficazes, por desconhecerem que a obsessão é o resultado do intercâmbio psíquico entre dois seres que se odeiam ou que se afinam pela maneira de ser e de pensar ou, mesmo ainda, pelos laços afetivos, quando o obsessor não sabe o mal que faz a sua vítima. Como já aprendemos, foi o Espiritismo quem inaugurou a forma caridosa de lidar com a obsessão, dialogando caridosamente com o obsessor.

O dicionário ensina que a palavra vem do grego, *diálogos* e, pelo latim, *dialogus*, significando *entendimento entre duas ou mais pessoas por meio da fala*. Podemos acrescentar que se trata de uma conversação planejada, orientada no sentido de se trocar ideias, conceitos, opiniões. Muitas vezes poderá ser apenas um colóquio amoroso, fraterno, intelectual ou despretensioso, mas que deverá levar as partes envolvidas a um entendimento. Deve ser uma ação que favoreça a aproximação das criaturas nela envolvidas, objetivando a solução de problemas e a conquista da harmonia. O diálogo para ser construtivo, deverá desenrolar-se em clima de boa vontade e compreensão recíprocas.

Quando bem orientado o diálogo pelo esclarecedor, despertará nos Espíritos a esperança na paz e na felicidade. Ao dialogar com o Espírito — seja ele obsessor, sofredor, alienado, divulgador de ideias subversivas ou contrariado com a pregação do Evangelho de Jesus, esteja certo o esclarecedor de que suas palavras serão jatos de luz gravando na tela da consciência do seu ouvinte ideias renovadoras que lhe darão consolo e esperança na conquista da paz e da felicidade ou, no mínimo, as levarão a refletir sobre sua conduta perante a vida.

Segundo a Doutrina Consoladora, não há como praticar a terapia desobsessiva de forma caridosa sem o diálogo, já que a obsessão somente se instala, porque há conluio comprometedor entre obsessor e obsidiado. Não me arrisco a dizer que não se alcance qualquer resultado, substituindo-se a conversa fraterna por outros métodos, mas também não ouso afirmar que o ganho seja definitivo, solucionador de um processo doentio que rola na esteira da história dos envolvidos por séculos, muitas vezes.

Dialogando, o esclarecedor poderá conduzir o seu interlocutor a chegar a um entendimento por meio de sucessivas *perguntas*, demonstrando que ignora as razões daquele irmão que ali se apresenta e que tem algo a dizer. Aquele nunca tem *respostas prontas*, pois cada caso é um caso diferente dos demais. *Interrogando inteligentemente*, o esclarecedor ajudará seu contraditor a perceber os próprios equívocos.

O diálogo inteligente, tal como a "Maiêutica" do filósofo Sócrates, consiste em ajudar o outro a descobrir por si mesmo a verdade que já possui desde antes. Assim, sob a forma de bate--papo, aparentemente despretensioso, Sócrates mostrava a seu interlocutor, sem presunção, as contradições existentes em seus argumentos, pondo-o em situação embaraçosa, até que finalmente percebesse o equívoco de suas *certezas*. Para que o Espírito atendido fale o que é substancial para o melhor resultado do atendimento, é necessário que o esclarecedor faça *perguntas graduadas*, isto é, que se formulem questões de modo a conduzi-lo pouco a pouco à solução dos problemas que lhe afligem.

Nos primeiros minutos do diálogo, o esclarecedor, usando o *tato psicológico*, irá identificar a que sexo pertenceu o Espírito na sua última encarnação; se é um recém-desencarnado, se ainda está no mundo material e se já sabe que desencarnou; se é prisioneiro de um grupo de obsessores; se tem a mente cristalizada em alguém, ou em alguma coisa (bens materiais, acontecimento, momento da morte física etc.); se é um obsessor ou vampirizador consciente ou inconsciente etc. Essas informações deverão ser *pescadas* nos minutos iniciais, pois são importantes para a manutenção de um diálogo seguro, construtivo e iluminador.

É imperioso lembrar que você, irmão esclarecedor, tem poucos minutos para desenvolver e concluir o seu diálogo. Não ceda àquela compulsão de mudar, no espaço de dez a quinze minutos, a maneira de pensar e de sentir de alguém que assim vive há séculos. Relembramos que nos adverte André Luiz no capítulo 33 – *Manifestação de enfermo espiritual (II)*:

> Os médiuns esclarecedores, pelo que ouçam do manifestante necessitado [...]; anulem qualquer intento de discussão ou desafio com entidades comunicantes, dando mesmo razão, algumas vezes, aos Espíritos infelizes e obsessores, reconhecendo que nem sempre a desobsessão real consiste em desfazer o processo obsessivo, de imediato, uma vez que, em casos diversos, a separação de obsidiado e obsessor deve ser praticada lentamente [...] (XAVIER; VIEIRA, 2017).

Por ser o diálogo o principal instrumento para encaminhar a desobsessão, vale a pena nos aprofundarmos no tema. O diálogo na busca da desobsessão não é apenas uma conversa. Orienta-se por um método (do gr. *méthodos*, "caminho para chegar a um fim"), para ser corretamente desenvolvido. Por essa razão ele não deve transcorrer de forma aleatória, sem um objetivo pré-determinado, o que seria "jogar conversa fora". Esse objetivo é *atender à necessidade principal do desencarnado* no pouco tempo de que dispõe o esclarecedor. Este para alcançar o resultado colimado deverá conduzir o diálogo apoiando-se em determinadas virtudes, determinados saberes quais sejam: saber *ouvir*, saber *perguntar* e saber *responder*. Vamos a eles:

15.1 Saber ouvir

Começo este item lembrando o simpático e culto mineiro Rubem Alves, membro da Academia Campinense de Letras, professor emérito da Unicamp e cidadão-honorário de Campinas (SP), onde recebeu a Medalha de Mérito Cultural Carlos Gomes de contribuição. Escreveu ele numa de suas crônicas, intitulada *Escutatória*:

> Sempre vejo anunciados cursos de oratória. Nunca vi anunciado curso de escutatória. Todo mundo quer aprender a falar. Ninguém quer aprender a ouvir. Pensei em oferecer um curso de escutatória. Mas acho que ninguém vai se matricular. Escutar é complicado e sutil. [...]

Realmente, ouvir é complicado e sutil, porque exige uma observação atenta, concentrada, sem as tensões emocionais inquietantes do medo e da ansiedade. Ouvir primeiro para depois responder ou orientar com segurança é predicado de poucos, pois para verdadeiramente ouvir é crucial que estejamos atentos às nossas reações ao que escutamos. Nesse processo é urgente que desenvolvamos a alteridade e a empatia para admitir que aprendemos com o nosso locutor e que devemos sentir junto com ele.

No curso da conversação com o desencarnado, busquemos ouvi-lo com fraternidade e sabedoria para que tenhamos condições de fazer perguntas sábias no momento certo. O diálogo deve ser uma caminhada para a paz; um esforço para a construção do bem e da felicidade dos que estão envolvidos nele, e essa construção começa ouvindo-se quem nos fala com paciência e desprovido de qualquer preconceito.

Se o Espírito se apresenta em sofrimento, evite os chavões como *venha na paz de Deus ou tenha fé em Deus*, até porque ele não tem paz nem conteúdo psíquico que o favoreça pensar no Criador. Ouça pacientemente as suas primeiras palavras, suas queixas, seu raciocínio para depois iniciar a falar. Às vezes, o Espírito se manifesta silencioso. Diga-lhe: *Aqui estou para ouvi-lo. Não se acanhe: ninguém vai julgá-lo.* Dê-lhe um tempo e, enquanto isso *ouça-o* com o coração, com a alma. Estará sofrendo em silêncio? Tem vergonha de se manifestar? Ou existe a chance de ser uma estratégia de um irmão ardiloso para ganhar tempo? Para saber terá que ouvi-lo com os ouvidos da alma.

Na vida social temos o hábito de não escutar com paciência até o fim o que o outro tem a nos dizer, pois, logo começamos a comparar o que está sendo dito com nossas ideias, preparando mentalmente a resposta que entendemos seja a ideal, do nosso ponto de vista. Esse processo mental prejudica bastante o relacionamento interpessoal e, por isso, não devemos levá-lo para a sala de desobsessão. Lembremo-nos o que nos ensinou Jesus, sabedor da dificuldade que tínhamos de ouvi-lo: *Quem tem ouvidos para ouvir, ouça.*

15.2 Saber perguntar

Foi o filósofo grego Sócrates (469–399) o criador do método de dialogar que ficou conhecido como *maiêutica* (ciência ou arte do parto), que é o ato de provocar qualquer pessoa, por mais ignorante que seja, a expor seus pensamentos, de trazer à consciência o que provavelmente ela já saiba. O nome do método foi dado pelo filósofo em homenagem a sua mãe que era parteira, cujo esforço tinha como objetivo trazer à luz uma criança.

Para que a maiêutica aconteça é necessário, no caso do atendimento ao desencarnado, que façamos perguntas graduadas, isto é, que formulemos questões de modo a conduzi-lo, pouco a pouco, ao encontro da sua realidade íntima, a qual seu ego não permite que venha à tona sua consciência, pois significará para ele muito sofrimento e convite à reparação, que seu orgulho não permite.

Essa metodologia pode ser adotada em todos os casos em que presenciamos a fuga, consciente ou não, do Espírito da sua realidade íntima. Às vezes, é um irmão endurecido que se coloca na condição de justiceiro, sentindo-se no direito de cobrar, de quem quer que seja, os erros que cometeu ou comete, fugindo, propositadamente, de si mesmo. Outras vezes, são Espíritos ignorantes sobre a realidade da vida e que não realizaram uma introspecção para saber o que ocorre no seu íntimo e sobre suas experiências na existência corporal.

O normal é a fuga inicial do Espírito ao perceber que está sendo conduzido a uma viagem íntima. Quando a entidade não é ardilosa, mais facilmente se entrega ao nosso comando, mas quando é experiente no caminho do mal que escolheu, a aplicação da maiêutica exige habilidade e conhecimento, não só evangélico e doutrinário, mas, também, geral, para fazer frente à formação cultural de que ela se mune.

Sigamos, como exemplo, o atendimento a um obsessor esperto e consciente do que faz.

— Por que sou trazido aqui contra minha vontade se estou apenas fazendo justiça a quem me prejudicou?

— Não sabemos se está fazendo justiça ou não, pois não conhecemos a sua história, razão por que não está sendo julgado por nós.

— Todo sofrimento para ela ainda é pouco diante do que fez comigo... Agora ela resolveu buscar uma religião... Nunca se interessou por isso!

— Mas ela agora está sofrendo e busca o amparo desta Casa... E quanto mais você a faz sofrer mais ela se aproxima de Jesus. Observe que, de certa forma, *você está ajudando-a* enquanto está perdendo precioso tempo, que poderia ser aproveitado no seu progresso.

(Atenção! A frase *você está ajudando-a*, dá ao obsessor a chance de retrucar. Devemos tomar cuidado para não oferecer ao equivocado sobre as Leis Divinas pensamentos que possam fortalecer o seu discurso dialético.)

Continuemos.

— Se você me diz que eu *estou ajudando-a*, porque não me agradece por isso e me deixa em paz?

Nesse passo, o esclarecedor percebeu que estava diante de um obsessor afiado no debate, e teve que usar seus conhecimentos doutrinários e desfazer o sofisma, levando-o a entender que estava plenamente equivocado.

— Sim, você está cooperando com ela, mas não da maneira que lhe recompense. Acontece que a partir de sua perseguição ela se sente desprotegida e busca o amparo de Jesus, enquanto você se enreda cada vez mais com a Lei de Causa e Efeito. Lei que você conhece bem e sabe que não pode fazer justiça com as próprias mãos, e que numa futura existência vai colher o sofrimento que está causando a ela, sofrimento que agora considera seja justo, porque está tomado pelo ódio... Na verdade, quando você era felicitado pelo amor que ela o oferecia, jamais pensou em prejudicá-la.

Nesse momento o irmão equivocado perguntou como o esclarecedor sabia que ele a amou desesperadamente. O esclarecedor não sabia, mas esse é um recurso que sempre ajuda, pois onde há o ódio, na maioria das vezes, houve uma história de amor com final infeliz. Por outro lado, o esclarecedor conta sempre com a ajuda de um Espírito amigo que o inspira nesses momentos, se o seu campo mental estiver aberto para as irradiações positivas.

— Sim! Eu sei que cada um paga, ceitil por ceitil, pelo que faz. Foi o Mestre de vocês quem disse isso (falou com deboche), e é exatamente o seu ceitil que ela está pagando agora...

Esta é mais uma confirmação de que o esclarecedor não conversava com um vingador que somente detinha ódio em seu coração, mas, também, era dono de um raciocínio sagaz, justificando, sempre seu comportamento. E o pior, construindo sofismas com os ensinamentos do Evangelho...

— Então, segundo o seu raciocínio — adiantou o esclarecedor — percebendo a brecha que ele deixou para contra argumentar —, você admite que quando ela o fez sofrer era a referida lei que se cumpria e você estava colhendo o que plantara?

Nesse instante ele silenciou. A expressão facial da médium revelava que a entidade ali presente estava em busca de uma resposta à altura, para não se trair. Após alguns segundos balbuciou:

— Bem... Não me lembro de ter feito qualquer mal àquela traidora...

O *não me lembro* foi a pista dada para que o esclarecedor pensasse em fazer uma regressão de memória pela ação magnética do passe ou da hipnose. Nesse caso a Espiritualidade que nos comanda poderá nos ajudar se entender que seja o momento certo, caso contrário nada acontecerá. Então, o esclarecedor deu início ao processo da seguinte forma:

— Você quer realmente se lembrar do que aconteceu entre vocês dois? Esse procedimento é um recado à Espiritualidade para saber dela se o momento é aquele. Em sendo, percebemos a seguir a reação do assistido, desviando o rosto, contorcendo-se e dizendo que não vai olhar... O resultado foi bastante positivo, pois o obsessor percebeu que estava plenamente equivocado, que fora tão mau para ela quanto ela foi para ele, e que seria melhor sair daquela roda viva, e concordou em permanecer na Instituição (a do Plano Espiritual) para refletir sobre seu comportamento, o seu futuro e o da mulher (a obsidiada), que ele tanto amava. O irmão, então, foi entregue aos enfermeiros que o esperavam de prontidão.

Nem todos os casos são simples como o aqui narrado. Algumas vezes o esclarecedor tem que enfrentar um vingador contumaz, um ateu extremamente esclarecido, um padre que se tornou adversário de Jesus, porque se diz prejudicado por Ele, pois o seguiu fervorosamente e não foi merecedor de nenhum privilégio...

É bastante estratégico o esclarecedor ter em mente que nem todos os questionamentos podem ser endereçados, indistintamente, a qualquer entidade que esteja sendo socorrida. Lembramos que no diálogo, devem ser levadas em consideração a condição intelectual e moral do atendido. Adequação de linguagem, de conteúdo argumentativo, de voz e de sentimento ou emoção são providências que não podem ser esquecidas no processo maiêutico.

A pergunta bem elaborada e lançada no momento oportuno provoca no interlocutor resultados consideráveis, podendo levá-lo às origens da sua atual fixação mental, provocando-lhe reflexão sobre sua maneira de pensar e de agir presentemente. A pergunta deve ser colocada sempre de forma amigável e não provocativa, para conduzir o diálogo ao equacionamento das tensões e desfazer a desconfiança da entidade socorrida. Penetrar o âmago sagrado dos sentimentos e emoções daquele que tudo faz para não sofrer é missão delicada de quem pretende ajudar a quem se esconde de si mesmo.

Algumas perguntas como, por exemplo: *Onde está a família? Como fazia para viver? Tem fé em Deus? Onde passou seus últimos anos de vida? Quando aconteceu o drama que tanto lhe faz sofrer? Tem notícias de amigos e parentes daquela época?* Servem para se identificar a necessidade central do irmão em sofrimento. Perguntar sobre os pais é um tanto arriscado, pois, muitas vezes, foram eles os que primeiro contribuíram para a queda daquele irmão ou daquela irmã. Mas arrisque perguntar sobre *seu grande amor.* Eles sempre negam de primeira mão... Joanna de Ângelis nos afirma que *o ódio é uma forma de amor que enlouqueceu.*

O texto do saudoso prof. Hermínio Miranda dá-nos valiosa contribuição para enriquecer o tema:

> Às vezes, basta uma pergunta bem colocada, no momento oportuno. Acha ele [o Espírito], por exemplo, que, com mais um século ou dois de rancor, vai conseguir o que não conseguiu em dois ou três? Pretende continuar preso à roda-viva da aflição? Por quanto tempo? Não está cansado? Não deseja experimentar ao menos um pouco de paz? Pare e reflita, medite, procure encarar o processo, com objetividade e sangue-frio, como se estivesse apreciando *um* caso, não o *seu* caso. Por que manter dois Espíritos amarrados, vida após vida, revezando-se nas posições de perseguidor e perseguido? Além do mais, a vítima às vezes se lhe escapa irrevogavelmente das mãos, pelo próprio sofrimento que lhe é infligido, pelo despertamento de seu Espírito, pelo

esforço que faz em ajustar-se perante as Leis Divinas. E então o perseguidor não terá mais como atingi-lo. Poderá ainda insistir em persegui-lo indiretamente, por meio de seres que lhe são caros, mas isto é uma vingança frustrada e o satisfaz ainda menos do que a outra. Ao longo do tempo ele ficará falando sozinho, na alienação da sua vingança sem objeto. Um dia despertará, afinal, para retomar a sua caminhada. E por que esperar tantos desenganos, se esse dia pode ser hoje, agora? (MIRANDA, 2017, cap. 4 – *Técnicas e recursos*, it. 4.1).

O *porquê*? Tem uma força de penetração muito grande. Nem sempre identificamos com presteza a entidade assistida e sua condição. As frases emitidas pelo socorrido se apresentam fora de ordem, desarrumadas, não formando um período compreensível... Outras vezes a enxurrada de reclamações ou de justificativas do que está fazendo com quem quer que seja. Nesses casos, é bastante estratégico o uso do *porquê*? que pode ser substituído pelas expressões: *Qual o motivo?*, *Qual a razão?*, *O que o(a) moveu a pensar ou sentir dessa forma?*, e assim por diante.

Quando responde *sou assim, porque quero, penso dessa forma porque tenho minhas razões* ou *ajo assim porque tenho vantagens com isso*, percebe-se que está fugindo de si mesmo... Aí insista: Mas você não me disse ou não quer revelar o *porquê* de sua condição... Transforme essa técnica em um maravilhoso recurso para dar o amparo de que necessita quem está lhe pedindo ajuda.

15.3 Saber responder

Muitas vezes, são os Espíritos em atendimento que nos fazem perguntas e temos que respondê-las. Quando são conscientemente maus, dedicados a combater o Bem, agoniando-se ao mencionarmos o nome do Mestre Nazareno, fazem-nos perguntas capciosas, ardilosas para nos confundir, para fugir dos nossos argumentos que os levam à reflexão. Alguns exemplos que já ouvimos: *Você é mesmo feliz, fazendo o que faz? Você foi agraciado pelo seu Mestre, mas eu não. Por quê? Você acredita que sua vida será sempre um mar de rosas? Você tem tudo o que deseja? Por que o seu Mestre não os livra dos assédios, e eu sei que são muitos?* Cuidado! As perguntas irão se multiplicar se a intenção do irmão de jornada for a de tomar o seu tempo, que ele sabe ser curto.

Outras vezes, são Espíritos confusos com sua situação no Mundo Espiritual e que se mantêm na perseguição daqueles que os feriram e se apresentam interrogativos. Querem saber a razão de ali serem chamados, pois se sentem no direito de fazer o que estão fazendo. Até conhecem a dinâmica da vida e sabem como funciona a Lei de Causa e Efeito, mas estão enceguecidos pelo ódio e acreditam que somente encontrarão a paz com o sofrimento dos seus algozes.

Alguns se apresentam com a sincera intenção de se esclarecerem. Espíritos que, na erraticidade, já foram informados de suas situações e estão à espera de mais uma oportunidade no corpo carnal. Buscarão sanar algumas dúvidas, aprimorando sua performance para o retorno à matéria.

Qualquer que seja a natureza das perguntas, analisemos bem o que pretendem os Espíritos com seus questionamentos, para darmos a resposta segura. Ensina-nos o Espírito Emmanuel que: "O ato de responder proveitosamente a inteligências heterogêneas exige qualidades superiores que o homem deve esforçar-se por adquirir" (XAVIER, 2016d, cap. 77 – *Responder*) Paulo de Tarso, o Apóstolo dos gentios, na sua peregrinação divulgando os ensinamentos do Nazareno, recomendou na Epístola aos *Colossenses*, 4.6: "A vossa palavra seja sempre agradável, temperada com sal, para que saibais *como responder a cada um*" (*Bíblia de Jerusalém*; grifo nosso).

Responder a indagações de forma proveitosa a inteligências heterogêneas exige qualidades especiais que o esclarecedor deve esforçar-se por adquirir. Espíritos simples que desconhecem a dinâmica da vida; que não perceberam ainda que a morte não existe e que apenas trocam de indumentária carnal a cada tempo, fazem-nos perguntas cruciais para eles, mas as respostas devem ser dosadas ao seu entendimento preliminar.

Independente da natureza e da complexidade da questão, reflita antes para não desagradar uns e ameaçar outros que lhe ouvem. A fraternidade não pode se ausentar em momento algum do diálogo. Muitas vezes somos chamados sutilmente ao debate pela entidade que pretendemos ajudar. Cuidado! Estamos ali para propor e não impor.

Para encerrar, Emmanuel nos orienta nessa situação:

Ainda que sejas interpelado pelo maior malfeitor do mundo, deves guardar uma atitude agradável e digna para informar ou esclarecer. Saber responder é virtude do quadro da sabedoria celestial. Em favor de ti mesmo, não olvides o melhor modo de atender a cada um.

16
Manifestação do mentor

Nos capítulos 30 e 54 (*Manifestação inicial do mentor*) o Cidadão de Nosso Lar aborda tema de suma importância que é a fala do mentor da reunião, tanto no início quanto no seu final. Insiste que "Essa medida é necessária [...] ainda mesmo que o mentor se utilize do medianeiro tão-só para uma simples oração que, evidentemente, significará tranquilidade em todos os setores da instrumentação" (XAVIER; VIEIRA, 2017, cap. 30). Esse será o momento em que o dirigente da reunião poderá fazer à entidade comunicante consultas relacionadas ao acesso de visitas à reunião, realização de reuniões especiais ou assuntos relacionados com a assistência espiritual da Casa.

É oportuno relembrar ao leitor ou a leitora que o manual *Desobsessão* nos foi oferecido há mais de cinquenta anos, objetivando escoimar as reuniões mediúnicas, realizadas em nome do Espiritismo, de práticas exóticas, não condizentes com os ensinamentos com os princípios lavrados no monumental pentateuco kardequiano. Para tanto, se fazia urgente que os espíritas não devidamente instruídos tivessem, semanalmente, a oportunidade de comungar com a Espiritualidade Superior, sendo por ela exortados a permanecerem nos melhores propósitos, não se afastando da prática da mediunidade com Jesus.

Vem ao encontro da nossa dedução a constatação de que essas reuniões praticadas hoje por grupos de médiuns devidamente instruídos quanto ao que nos ensina a Doutrina Consoladora e já libertos daquelas práticas exóticas, não adotam, *sistematicamente*, ouvir o mentor no início e no final dos trabalhos, podendo, no entanto, tal acontecer *circunstancialmente*. Tais grupos alcançam, mesmo assim, bons resultados. A respeitável e estudiosa Suely Caldas Schubert assegura que:

> [...] em muitas reuniões tal não acontece, manifestando-se em primeiro lugar os Espíritos que necessitam de esclarecimentos, o que *não altera o bom andamento dos trabalhos*. Evidentemente que as instruções iniciais do mentor representarão um roteiro oportuno, traduzindo-se em mais segurança e rendimento da equipe encarnada (SCHUBERT, 2018, cap. 11 – *O transcurso das reuniões de desobsessão*; grifo nosso.)

Há no Movimento Espírita divergências sobre essa prática entre praticantes da mediunidade e autores de livros espíritas. Alguns consideram desnecessários esses *contatos sistemáticos* com os mentores, argumentando que a reunião é uma rotina já bem conhecida de todos os membros e que eles estão devidamente preparados e sabem o que devem ou não fazer, e que *somente em ocasiões especiais* a palavra inicial ou final dos mentores deve ser solicitada. Pinheiro (2001, Pt. 2, p. 135) insiste que a comunicação do mentor nas reuniões mediúnicas de desobsessão deve ser sempre circunstancial, pois todos os membros da equipe já têm consciência das tarefas a executar, não sendo necessário o conselho ou o incentivo do seu dirigente espiritual.

O estudioso e escritor espírita Simonetti, já desencarnado, expõe o que pensa a respeito, quando lhe perguntam:

> [...] *Se os grupos mediúnicos são orientados por mentores espirituais, não seria interessante ter a sua palavra?*
> Sem dúvida, *desde que haja médiuns em condições de receber a sua manifestação*, o que exige experiência, estudo, disciplina, ao longo do tempo. Principalmente os grupos iniciantes não devem se preocupar com isso, deixando que aconteça naturalmente (SIMONETTI, 2012, *Guias*, q. 6; grifo nosso).

Em nosso entendimento, devemos indicar *médiuns iniciantes* para se colocarem à disposição da equipe espiritual para que exercitem a sintonia com Espíritos esclarecidos, de vibrações equilibradas, colaboradores do evento. Nas primeiras oportunidades nada pode acontecer, mas com a continuidade do procedimento a espiritualidade se manifesta, podendo ser o mentor, um colaborador ou mesmo um irmão que vem dar seu testemunho da importância da reunião para ele.

Fica o grupo mediúnico, que ora estuda este livro, com a liberdade de seguir *ipsis litteris* o que propõe o autor espiritual do livro *Desobsessão* se assim desejar. O que podemos dizer é que o contato inicial com os mentores deve ser relativamente rápido, pois os enfermos estão à espera do atendimento. Indispensável o bom senso para avaliar criteriosamente o conteúdo das mensagens, pois somente por elas poderemos aquilatar a condição espiritual do locutor. Para maior segurança, sugerimos ao leitor ou leitora o estudo acurado do capítulo 10 de *O livro dos médiuns*, de Allan Kardec (2016a): *Natureza das comunicações*.

17
Dos benefícios da desobsessão

Erraríamos frontalmente se julgássemos que a desobsessão apenas auxilia os desencarnados que ainda pervagam nas sombras da mente (XAVIER; VIEIRA, 2017, cap. 64 – *Benefícios da desobsessão*)

Sem dúvida, aqueles que participam de tão relevante atividade no plano físico são tão beneficiados quanto os desencarnados que ali chegam mostrando as chagas de seus sofrimentos. A cada reunião somos favorecidos com lições da inexorável Lei de Causa e Efeito; recolhemos, semanalmente, exemplos de vida após a morte do corpo físico atendendo àqueles nossos irmãos que viveram a experiência física e escolheram os caminhos tenebrosos dos vícios, da ociosidade, do crime, da ira, do desrespeito às leis humanas e divinas.

A reunião de desobsessão não deve ser vista e desenvolvida como uma atividade isolada na Casa Espírita. Esse procedimento passa para os demais trabalhadores da Instituição a falsa ideia de que seus componentes são pessoas especiais. Ingenuamente creem que ela se destina só aos que vêm de fora com problemas de obsessão, esquecendo-se de que todos somos influenciados constantemente pelos Espíritos inferiores, justamente por estarmos trabalhando na direção do Bem.

A visão dos trabalhos de desobsessão deverá ser sistêmica, ou seja, ela atende não só *aos que vêm de fora*, mas, também, assegura relativa harmonia à Casa, como um todo, e aos seus trabalhadores e familiares dos componentes do grupo.

Por considerarmos como uma das mais claras e completas revelações sobre os resultados que se obtém com o intercâmbio nas reuniões de desobsessão, trazemos para o nosso leitor as excelentes informações do Espírito amigo, Manoel Philomeno de Miranda:

- Proporcionam aos membros do grupo socorrista lições proveitosas para eles mesmos, que anteveem, mediante a experiência de cada comunicante, o que de acordo com a conduta mantida na Terra, lhes está-lhes reservado quando lhes cessem as pulsações cardíacas, advindo a morte.
- Melhor compreensão da "Lei de Causa e Efeito", no fluxo-refluxo dos acontecimentos.
- Exercício da fraternidade, aprendendo os encarnados a conviver com as dores de quem nem sempre é visto, a fim de mais facilmente auxiliar-se na diminuição dos sofrimentos de todos aqueles que os cercam e são vistos.
- Porque o perispírito possui os mesmos *órgãos* que o corpo físico, quando ocorre o fenômeno da psicofonia, duas ocorrências são dão: 1) durante o acoplamento perispiritual os desencarnados ajustam a sua organização à do médium e volvem ao contato com aqueles que lhes não registravam a presença, não os ouviam, não os viam. Nessa fase podem dar

expansão aos sentimentos que os atormentavam, aliviando-se, e, com o atendimento esclarecedor que recebem, modifica-se-lhes o estado íntimo. 2) no intercâmbio natural, ocorre um *choque* fluídico, pelo qual as forças anímicas do percipiente rompem-lhes a *crosta* ideoplástica que os envolve e lhes absorvem os vibriões mentais, qual esponja que se encharca, diminuindo-lhes, expressivamente, a psicosfera negativa que respiram, permitindo-lhes o diálogo no qual se dão conta da morte, *remorrendo*, para despertamento posterior em condições lúcidas que propiciam os mentores conduzi-los a postos, hospitais, hospitais de socorro ou escolas de aprendizagem, nos quais se capacitam para futuros cometimentos;
- Tornam-se factíveis *cirurgias* perispirituais enquanto ocorre a psicofonia ou os processos socorristas mais específicos que visam beneficiar os agrilhoados às reminiscências carnais, por eles vitalizadas com a mente viciada e com as quais *constroem* os infortúnios que os ferem;
- Homens e Espíritos se exercitam na caridade anônima, já que não se dão conta de a quem ajudam ou de quem lhes chega o auxílio;
- Porque em faixas muito baixas do psiquismo dominado pelas impressões de teor venenoso, muitos desencarnados não conseguem sintonizar com os benfeitores da Espiritualidade, e só o diálogo com os encarnados os despertará para uma visão diferente da vida (FRANCO, 2013, *Enfermagem espiritual libertadora*).

18
Sofisma

Sofisma é um raciocínio contrário à um argumento e que se apresenta com aparência de real, de verdadeiro. É um raciocínio falso no seu fundamento que, com aparência de legítimo, induz ao erro. Como sinônimos de *sofisma* citamos *ardil*, *armadilha*, *artifício*, *artimanha* e *astúcia*.

A estratégia dialética com base no sofisma surgiu entre os gregos do século V a.C. que argumentavam ser a capacidade oratória de cada um que determinava o que é justo e não o conhecimento profundo que tivesse das leis e todas as demais coisas. Diante desse entendimento, o homem deveria ser hábil em fazer raciocínios ardilosos, mediante os quais poderia defender algo falso e confundir o contraditor. O sofisma pode ser um produto da ignorância da verdade e da má-fé.

Vez ou outra, deparamo-nos, nas reuniões de desobsessão, com irmãos que se apresentam com discursos fundamentados nas suas crenças exóticas, porque ignoram a verdade. Mas, também, somos forçados a dialogar com Espíritos que conhecem a verdade mas pretendem desfigurá-la com um sofista intencional, interessado em provar que seu ponto de vista é o melhor, que é o verdadeiro.

Ao esclarecedor não basta adquirir conhecimentos filosóficos e psicológicos, bem como doutrinários e evangélicos, para enfrentar os obsessores, escarnecedores, chefes de instituições trevosas e de exército de malfeitores, hábeis na conversão de Espíritos indefesos à prática do mal. Para com esses irmãos que atuam há séculos ou milênios em defesa das sombras "[...] é preciso aliar raciocínio e sentimento, compaixão e lógica, a fim de que a aplicação do socorro verbalista alcance o máximo rendimento [...]," ensina-nos André Luiz no capítulo 24 – *Médiuns esclarecedores* do livro *Desobsessão* (XAVIER; VIEIRA, 2017). No entanto, é determinante que diante de um desses irmãos, o esclarecedor não transforme o diálogo em um debate, numa demonstração de retórica.

Apresentamos alguns exemplos de sofismas que registramos em alguns momentos quando no diálogo com irmãos equivocados e a nossa argumentação, não pretendendo que seja a única. O leitor ou a leitora, sem dúvida, terão ensejo de apresentar outros.

Espírito: *Jesus não ensinou que todos os que tomam a espada, morrem pela espada perecerão? (Mateus, 26:52). Ora se ela (a obsidiada) me feriu, tirando-me a vida, por que eu não devo tirar a sua agora da mesma forma? Por que você quer me impedir de fazer justiça?*

Esclarecedor: No momento em Jesus estava sendo aprisionado pelos soldados romanos, o Apóstolo Pedro reagiu e feriu um deles. Jesus então falou tal como você disse, mas estava ensinando, de forma indireta, como funciona a Lei da Causa e Efeito, ou seja, aquela que nos conduz a pagar o que devemos ao nosso credor. Essa lei não se aplica somente a quem você persegue, acreditando que está na condição de executor da lei. Ela se aplica a você também. Todo o mal que você está fazendo à irmã que o feriu será cobrado de você. Se aprendeu essa verdade porque estudou o Evangelho, deve ter encontrado os ensinamentos. O do perdão, o mais importante. Sem praticá-lo você jamais se libertará desse círculo vicioso. Se alguém lhe fez acreditar que o Mestre se referia à vingança, esse alguém lhe enganou...

Espírito: *Se o criminoso deve ficar na prisão até pagar o último ceitil, como Jesus ensinou, (Mateus, 5:25 e 26), por que vocês então acham que eu devo libertá-lo do meu jugo antes que me pague tudo o que me deve?*

Esclarecedor: Se o companheiro conhece os Evangelhos do Nazareno, deverá se lembrar que Ele nos alertou que para sermos perdoados por Deus devemos perdoar os nossos devedores (*Mateus*, 6:12). Ou será que você acredita que não cometeu nenhum mal e não prejudicou ninguém em outras existências? Consulte sua consciência (e nesse momento apelamos mentalmente para a equipe espiritual que lhe mostre o seu passado). Se tal não acontecer será porque não é o momento, continuaremos fazendo-lhe perguntas, forçando-o à reflexão.

Espírito: *Entendo que estou contribuindo com Deus, favorecendo o cumprimento da Lei de Causa Efeito, quando o faço sofrer como Ele fez sofrer os meus. Sou instrumento da lei escolhido por Deus, já que Ele permite que assim venha acontecendo.*

Esclarecedor: O irmão aprendeu sobre a Lei da Causa e Efeito como demonstra, mas se engana, perturbado pelo ódio, que o Criador necessita de você para o cumprimento de suas leis. Ele somente nos usa para a prática do Bem. Esqueceu de que Jesus nos alertou que devemos nos reconciliar com o nosso inimigo enquanto estamos ao lado dele? Esqueceu de que o Nazareno, sendo a criatura mais ultrajada deste mundo, rogou que Deus nos perdoasse pelo mal que lhe fizemos? Esqueceu que em existências passadas, você foi o verdugo da sua atual vítima? Sendo inteligente como demonstra ser, deve estar percebendo que à medida que o persegue ele se aproxima mais do Cristo...

Pense naqueles que sofreram por causa dele, mas que nesse momento desejam tanto revê-lo... Seja benevolente com ele para encontrar a paz ao dos que você tanto ama...

Espírito: *Vocês espíritas pregam que não se deve violentar a consciência de ninguém; que cada um segue o caminho que escolher. Por que então querem me impedir de fazer minhas pregações àqueles que me admiram e acreditam em mim? Somente vocês têm o direito de pregar?*

Esclarecedor: Não estamos aqui para tolher o uso do seu livre-arbítrio, mas podemos garantir-lhe que está fazendo uso indevido dele. O que nós pregamos aqui no Centro, e você é testemunha, pois tem nos acompanhado, é o estudo para a libertação da alma e a prática do bem. Não buscamos a admiração para nós e sim para o Cristo. Não forçamos o livre-arbítrio de quem quer que seja: cada convidado fica aqui se assim desejar. E o companheiro por que não liberta os seus seguidores para decidirem se querem ficar com você ou seguir outro caminho? Faça isso e vai se sentir feliz, pois é o que você mais deseja...

Espírito: *Vocês ensinam que aquele que não chega ao Centro Espírita pelo amor, chega pela dor. Aí, então, oferecem o alívio ensinando o que vocês acreditam ser o melhor e que seja a verdade. E é exatamente o que eu faço com aqueles que me procuram sofrendo a dor da traição, do escárnio, do desfalque, do amor roubado, da perseguição dos vampiros. Eu os protejo e os faço felizes, desde que sigam as orientações da minha instituição, tal como vocês.*

Esclarecedor: Nós não oferecemos alívio aos que vêm até nós, ensinamos, sim, a quem eles deverão buscar para serem aliviados (*Mateus*, 11:28). Os que aqui chegam nas condições que você mencionou, nós apenas os orientamos, fundamentado nos Evangelhos de Jesus e nos ensinamentos do Espiritismo. E é o que estamos querendo fazer nesse momento com você, se acreditar que lhe queremos bem e queremos vê-lo feliz, pois você não é. Se alguém que você ama chegar até você pedindo ajuda, você vai orientá-lo como faz com esses que lhe acompanham? Pense nisso. Gostaria de ver seus entes queridos pelas promessas que não se realizam, pois a felicidade é conquista de cada um de nós.

Espírito: *Todos somos livres para pensar e agir, segundo o nosso livre-arbítrio que Deus nos outorgou. Por que então vocês insistem em nos fazer mudar de ideia?*

Esclarecedor: Nós estamos fazendo, em escala menor, o que fizeram Buda, Jesus, Francisco de Assis, Allan Kardec e tantos outros, disseminar boas ideias para que todos tenhamos a oportunidade de conquistar a felicidade com nossos esforços. O irmão mudará de ideia se assim quiser. Respeitamos o seu livre-arbítrio, mas alertamos que atente para a Lei de Causa e Efeito, que você bem conhece. Pense naqueles que você ama e nos que o amam também. Eles estão à espera do seu abraço, quando mudar seus sentimentos de revolta.

Esperamos, com esses exemplos, dar uma pálida ideia das dificuldades que o esclarecedor enfrentará, quando diante de Espíritos que usam sua inteligência para distorcer a verdade com sofismas, exigindo de cada um de nós, não somente o preparo evangélico e doutrinário, mas, também, o intelectual.

Conclusão

Nossa esperança é que esta modesta proposta de um estudo analítico do livro *Desobsessão* seja entendida como um apoio literário, entre tantos outros oferecidos pelos Espíritos, para ajudar no melhor desempenho de equipes mediúnicas já em plena atividade e com aquelas em formação.

Vale relembrar aos nossos leitores o propósito do Espírito André Luiz em nos ofertar o valioso manual, ficando na esperança de que com ele pudéssemos contribuir para a introdução do Espiritismo, tal como fora ofertado pelos Espíritos Superiores, na prática do intercâmbio mediúnico, evitando seu retardamento nas plagas brasileiras, para onde fora transplantado o Evangelho de Jesus, tal como nos revelou o Espírito Humberto de Campos, na sua obra *Brasil, coração do mundo pátria do evangelho*, psicografada por Francisco Cândido Xavier:

> Jesus transplantou da Palestina para a região do Cruzeiro a árvore magnânima do seu Evangelho, a fim de que os seus rebentos delicados florescessem de novo, frutificando em obras de amor para todas as criaturas. [...] (XAVIER, 2015a, *Esclarecendo*).

Diante dessa revelação, é dever de todo nós espíritas, que conhecemos essa realidade, buscar desenvolver nossos potenciais psíquicos, intelectuais, morais e doutrinários para melhor servirmos na Seara do Cristo.

Quanto ao nosso preparo intelectual, melhor recomendação não faríamos além daquela que já consta no capítulo 72 – *Estudos extras* da obra em estudo, em que o Cidadão de Nosso Lar ressalta a necessidade de buscarmos conhecimentos

> [...] *nos arraiais da Doutrina Espírita ou fora deles*, para que progridam em discernimento e utilidade na obra de recuperação que lhes cabe, *iluminando convicções e dissipando incertezas.*

E insiste mais, lembrando que

> [...] na faina da desobsessão é preciso *entesouremos conhecimento e experiência, para que os instrutores espirituais nos encontrem maleáveis* e proveitosos na extensão do bem que nos propomos cultivar e desenvolver (XAVIER; VIEIRA, 2017; grifo nosso).

Dessa forma, concluindo nosso trabalho, a nossa rogativa é de que médiuns dirigentes, passistas, psicofônicos e esclarecedores, estudemos sempre, empregando esforços no sentido de cultivar não somente *uma atitude mental digna* mas, também, uma *mente enriquecida de conhecimentos*, digna de oferecer o acervo de que necessitam os amigos do Plano Espiritual para mais eficientemente nos conduzir na tarefa junto aos irmãos sofredores.

Referências

ANDRADE, Hernani Guimarães. *Espírito, perispírito e alma*. 10. ed. São Paulo: Editora Pensamento, 2010.

BANAL, Spártaco. *Sessões práticas do espiritismo*. 7. ed. Brasília: FEB, 2002.

BRITTO, Clovis Carvalho. *Luz sobre o alqueire*: itinerário do Espiritismo no interior do Brasil. 1. ed. Goiânia: Editora Espaço Acadêmico, 2016.

DENIS, Léon. *No invisível*. 26. ed. 1. imp. Brasília: FEB, 2014.

_____. *O problema do ser, do destino e da dor*. 32. ed. 7. imp. Brasília: FEB, 2016.

FRANCO, Divaldo P. *Convites da vida*. Pelo Espírito Joanna de Ângelis. 2. ed. Salvador: LEAL, 1972

_____. *Leis morais da vida*. Pelo Espírito Joanna de Ângelis. Salvador: LEAL, 1976.

_____. *Repositório de sabedoria*. Pelo Espírito Joanna de Ângelis. Salvador: LEAL, 1980.

_____. *Após a tempestade*. Pelo Espírito Joanna de Ângelis. 3. ed. Salvador: LEAL, 1985.

_____. *Intercâmbio mediúnico*. Pelo Espírito João Cléofas. Salvador: LEAL, 1986.

_____. *Nas fronteiras da loucura.* Pelo Espírito Manoel Philomeno de Miranda. 3. ed. Salvador: LEAL, 1987.

_____. *Atualidade do pensamento espírita.* Pelo Espírito Vianna de Carvalho. Salvador: LEAL, 1988.

_____. *Grilhões partidos.* Pelo Espírito Manoel Philomeno de Miranda. 6. ed. Salvador: LEAL, 1989.

_____. *Médiuns e mediunidade.* Pelo Espírito Vianna de Carvalho. Niterói: Arte & Cultura, 1990.

_____. *O homem integral.* Pelo Espírito Joanna de Ângelis. 2. ed. Salvador: LEAL, 1991.

_____. *Suave luz nas sombras.* Pelo Espírito João Cléofas. Salvador: LEAL, 1994.

_____. *Palavras de Luz.* Espíritos Diversos. 2. ed. Salvador: LEAL, 1997.

_____. *O despertar do espírito.* Pelo Espírito Joanna de Ângelis. 1. ed. Salvador: LEAL, 2000.

_____. *Tormentos da obsessão.* Pelo Espírito Manoel Philomeno de Miranda. 1. ed. Salvador: LEAL, 2001.

_____. *O amor como solução.* Pelo Espírito Joanna de Ângelis. 1. ed. Salvador: LEAL, 2006.

_____. *Espírito e vida.* Pelo Espírito Joanna de Ângelis. 7. ed. Salvador: LEAL, 2007.

_____. *Sementeira de fraternidade.* Diversos Espíritos. 6. ed. Salvador: LEAL, 2008.

_____. *Amanhecer de uma nova era.* Pelo Espírito Manoel Philomeno de Miranda. 2. ed. Salvador: LEAL, 2012.

_____. *Temas da vida e da morte.* Pelo Espírito Manoel Philomeno de Miranda. 7. ed. 2. imp. Brasília: FEB, 2013.

_____. *Trilhas da libertação.* Pelo Espírito Manoel Philomeno de Miranda. 10. ed. 3. imp. Brasília: FEB, 2014.

_____. *Estudos espíritas.* Pelo Espírito Joanna de Ângelis. 9. ed. 4. imp. Brasília: FEB, 2015.

Referências

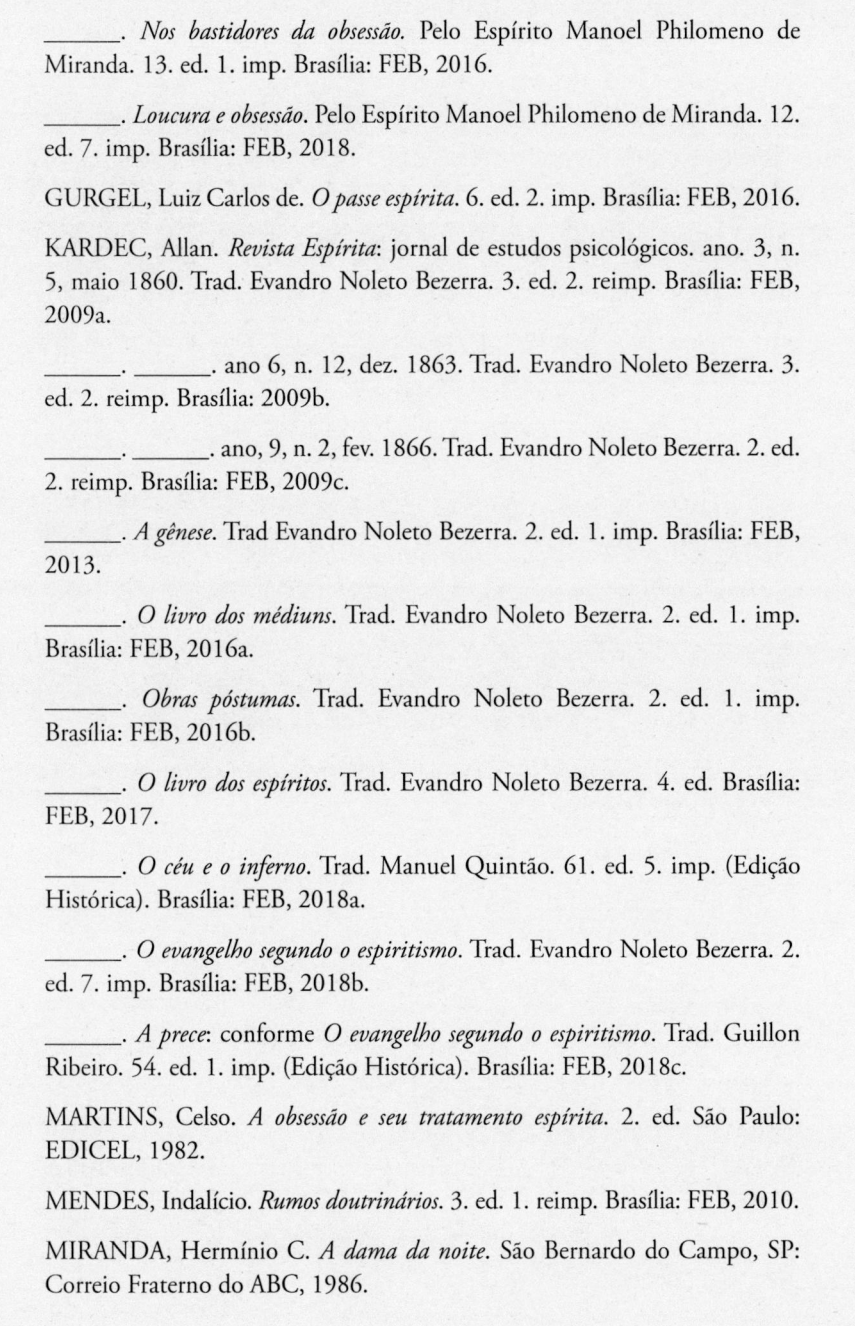

_____. *Nos bastidores da obsessão.* Pelo Espírito Manoel Philomeno de Miranda. 13. ed. 1. imp. Brasília: FEB, 2016.

_____. *Loucura e obsessão.* Pelo Espírito Manoel Philomeno de Miranda. 12. ed. 7. imp. Brasília: FEB, 2018.

GURGEL, Luiz Carlos de. *O passe espírita.* 6. ed. 2. imp. Brasília: FEB, 2016.

KARDEC, Allan. *Revista Espírita*: jornal de estudos psicológicos. ano. 3, n. 5, maio 1860. Trad. Evandro Noleto Bezerra. 3. ed. 2. reimp. Brasília: FEB, 2009a.

_____. _____. ano 6, n. 12, dez. 1863. Trad. Evandro Noleto Bezerra. 3. ed. 2. reimp. Brasília: 2009b.

_____. _____. ano, 9, n. 2, fev. 1866. Trad. Evandro Noleto Bezerra. 2. ed. 2. reimp. Brasília: FEB, 2009c.

_____. *A gênese.* Trad Evandro Noleto Bezerra. 2. ed. 1. imp. Brasília: FEB, 2013.

_____. *O livro dos médiuns.* Trad. Evandro Noleto Bezerra. 2. ed. 1. imp. Brasília: FEB, 2016a.

_____. *Obras póstumas.* Trad. Evandro Noleto Bezerra. 2. ed. 1. imp. Brasília: FEB, 2016b.

_____. *O livro dos espíritos.* Trad. Evandro Noleto Bezerra. 4. ed. Brasília: FEB, 2017.

_____. *O céu e o inferno.* Trad. Manuel Quintão. 61. ed. 5. imp. (Edição Histórica). Brasília: FEB, 2018a.

_____. *O evangelho segundo o espiritismo.* Trad. Evandro Noleto Bezerra. 2. ed. 7. imp. Brasília: FEB, 2018b.

_____. *A prece*: conforme *O evangelho segundo o espiritismo*. Trad. Guillon Ribeiro. 54. ed. 1. imp. (Edição Histórica). Brasília: FEB, 2018c.

MARTINS, Celso. *A obsessão e seu tratamento espírita.* 2. ed. São Paulo: EDICEL, 1982.

MENDES, Indalício. *Rumos doutrinários.* 3. ed. 1. reimp. Brasília: FEB, 2010.

MIRANDA, Hermínio C. *A dama da noite.* São Bernardo do Campo, SP: Correio Fraterno do ABC, 1986.

_____. *Qualidade na prática mediúnica*. Projeto Manoel Philomeno de Miranda. Compilado por João Neves. Salvador: LEAL, 2000.

_____. *Diálogo com as sombras*. 25. ed. 5. imp. Brasília: FEB, 2017.

MOURA, Marta Antunes de. (Coord.). *Atendimento espiritual pelo passe*. 1. ed. 3. imp. Brasília: FEB, 2016.

PALHANO Jr., Lamartine. *Transe mediúnico*. Niterói, RJ: Lachâtre, 1998.

PEREIRA, Yvonne do A. *Dramas da obsessão*. 11. ed. 3. imp. Brasília: FEB, 2014.

_____. *Devassando o invisível*. 15. ed. 4. imp. Brasília: FEB, 2016.

_____. *Nas voragens do pecado*. Pelo Espírito Charles. 12. ed. 4. imp. Brasília: FEB, 2017.

_____. *Memórias de um suicida*. 27. ed. 9. imp. Brasília: FEB, 2018.

PINHEIRO, Luiz Gonzaga. *Mediunidade*: tire suas dúvidas. 4. ed. Capivari, SP: EME, 2001.

_____. *Doutrinação*: a arte do convencimento. 2. ed. Capivari, SP: EME, 2003.

PÓVOA, Helion. *O cérebro desconhecido*. Rio de Janeiro: Objetiva, 2002.

SCHLESINGER, Hugo; PORTO, Humberto. *As religiões ontem e hoje*. São Paulo: Edições Paulinas, 1981.

_____. *Crenças, seitas e símbolos religiosos*. São Paulo: Edições Paulinas, 1983.

SCHUBERT, Suely Caldas. *Mediunidade*: caminho para ser feliz. 4. ed. Votuporanga, SP: Didier-Paul Didier, 2002.

_____. *Testemunhos de Chico Xavier*. 4. ed. Brasília: FEB, 2010.

_____. *Obsessão/desobsessão*. 3. ed. 2. imp. Brasília: FEB, 2018.

SIMONETTI, Richard. *Mediunidade*: tudo o que você precisa saber. 2. ed. Bauru, SP: CEAC, 2012.

SUCENA, Américo. *Falando com os espíritos*. 4. ed. São Paulo: Mithos Books, 2010.

VALENTE, A. Aurélio. *Sessões práticas e doutrinárias do espiritismo*. 8. ed. Brasília: FEB, 2002.

Referências

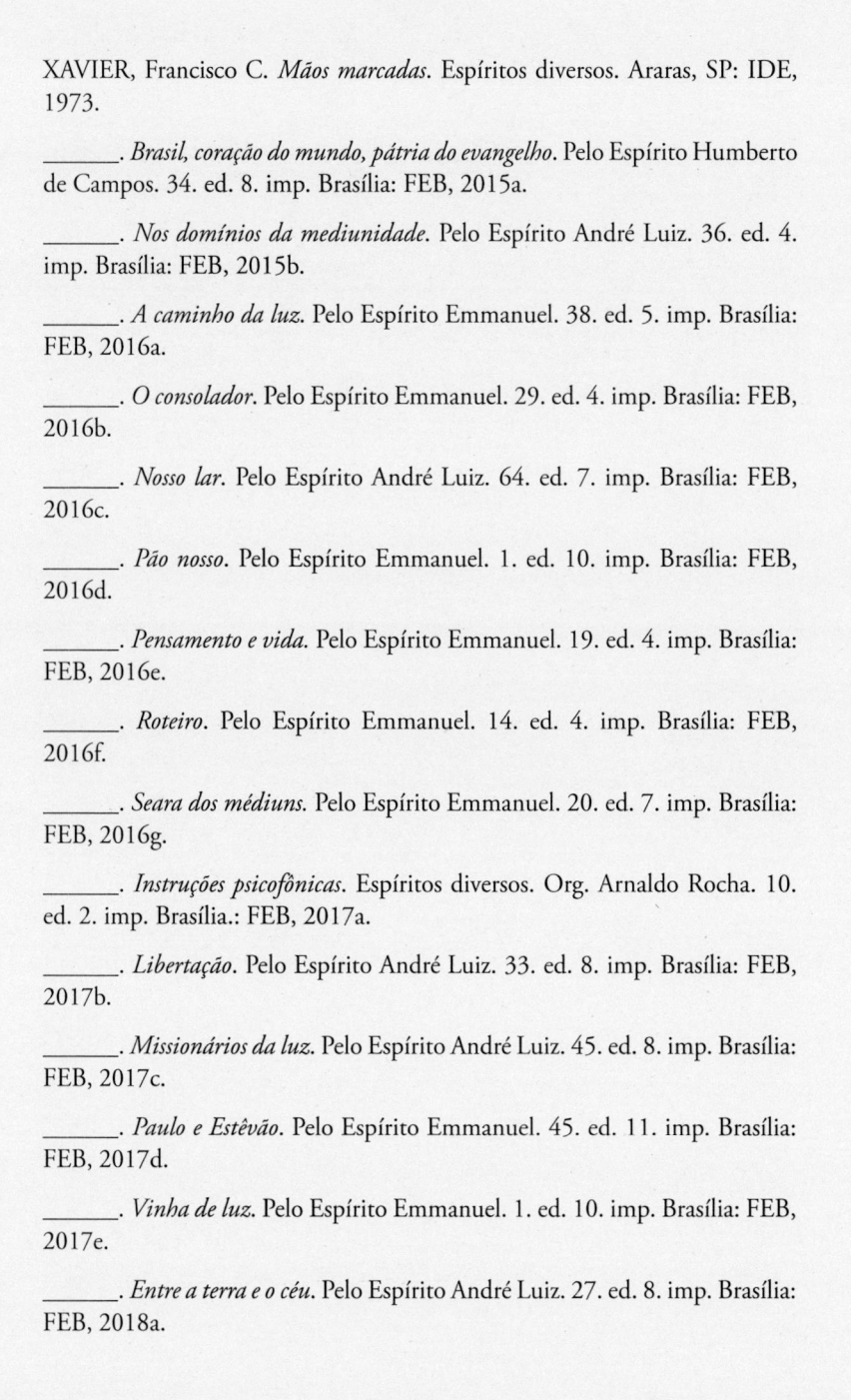

XAVIER, Francisco C. *Mãos marcadas*. Espíritos diversos. Araras, SP: IDE, 1973.

_____. *Brasil, coração do mundo, pátria do evangelho*. Pelo Espírito Humberto de Campos. 34. ed. 8. imp. Brasília: FEB, 2015a.

_____. *Nos domínios da mediunidade*. Pelo Espírito André Luiz. 36. ed. 4. imp. Brasília: FEB, 2015b.

_____. *A caminho da luz*. Pelo Espírito Emmanuel. 38. ed. 5. imp. Brasília: FEB, 2016a.

_____. *O consolador*. Pelo Espírito Emmanuel. 29. ed. 4. imp. Brasília: FEB, 2016b.

_____. *Nosso lar*. Pelo Espírito André Luiz. 64. ed. 7. imp. Brasília: FEB, 2016c.

_____. *Pão nosso*. Pelo Espírito Emmanuel. 1. ed. 10. imp. Brasília: FEB, 2016d.

_____. *Pensamento e vida*. Pelo Espírito Emmanuel. 19. ed. 4. imp. Brasília: FEB, 2016e.

_____. *Roteiro*. Pelo Espírito Emmanuel. 14. ed. 4. imp. Brasília: FEB, 2016f.

_____. *Seara dos médiuns*. Pelo Espírito Emmanuel. 20. ed. 7. imp. Brasília: FEB, 2016g.

_____. *Instruções psicofônicas*. Espíritos diversos. Org. Arnaldo Rocha. 10. ed. 2. imp. Brasília.: FEB, 2017a.

_____. *Libertação*. Pelo Espírito André Luiz. 33. ed. 8. imp. Brasília: FEB, 2017b.

_____. *Missionários da luz*. Pelo Espírito André Luiz. 45. ed. 8. imp. Brasília: FEB, 2017c.

_____. *Paulo e Estêvão*. Pelo Espírito Emmanuel. 45. ed. 11. imp. Brasília: FEB, 2017d.

_____. *Vinha de luz*. Pelo Espírito Emmanuel. 1. ed. 10. imp. Brasília: FEB, 2017e.

_____. *Entre a terra e o céu*. Pelo Espírito André Luiz. 27. ed. 8. imp. Brasília: FEB, 2018a.

_____. *Os mensageiros.* Pelo Espírito André Luiz. 47. ed. 11. imp. Brasília: FEB, 2018b.

XAVIER, Francisco C.; VIEIRA, Waldo. *Opinião espírita.* Pelos Espíritos Emmanuel e André Luiz. 7. ed. Uberaba, MG: CEC, 1990.

_____. *Estude e viva.* Pelos Espíritos Emmanuel e André Luiz. 14. ed. 3. imp. Brasília: FEB, 2015.

_____. *Mecanismo da mediunidade.* Pelo Espírito André Luiz. 28. ed. 4. imp. Brasília: FEB, 2016.

_____. *Desobsessão.* Pelo Espírito André Luiz. 28. ed. 12. imp. Brasília: FEB, 2017.

_____. *Evolução em dois mundos.* Pelo Espírito André Luiz. 27. ed. 8. imp. Brasília: FEB, 2018.

O QUE É ESPIRITISMO?

O Espiritismo é um conjunto de princípios e leis revelados por Espíritos Superiores ao educador francês Allan Kardec, que compilou o material em cinco obras que ficariam conhecidas posteriormente como a Codificação: *O livro dos espíritos, O livro dos médiuns, O evangelho segundo o espiritismo, O céu e o inferno* e *A gênese*.

Como uma nova ciência, o Espiritismo veio apresentar à Humanidade, com provas indiscutíveis, a existência e a natureza do Mundo Espiritual, além de suas relações com o mundo físico. A partir dessas evidências, o Mundo Espiritual deixa de ser algo sobrenatural e passa a ser considerado como inesgotável força da Natureza, fonte viva de inúmeros fenômenos até hoje incompreendidos e, por esse motivo, são tidos como fantasiosos e extraordinários.

Jesus Cristo ressaltou a relação entre homem e Espírito por várias vezes durante sua jornada na Terra, e talvez alguns de seus ensinamentos pareçam incompreensíveis ou sejam erroneamente interpretados por não se perceber essa associação. O Espiritismo surge então como uma chave, que esclarece e explica as palavras do Mestre.

A Doutrina Espírita revela novos e profundos conceitos sobre Deus, o Universo, a Humanidade, os Espíritos e as leis que regem a vida. Ela merece ser estudada, analisada e praticada todos os dias de nossa existência, pois o seu valioso conteúdo servirá de grande impulso à nossa evolução.

FEB editora
Livro espírita para um novo mundo
www.febeditora.com.br
@febeditoraoficial
@febeditora

Conselho Editorial:
Carlos Roberto Campetti
Cirne Ferreira de Araújo
Evandro Noleto Bezerra
Geraldo Campetti Sobrinho – Coord. Editorial
Jorge Godinho Barreto Nery – Presidente
Maria de Lourdes Pereira de Oliveira
Miriam Lúcia Herrera Masotti Dusi

Produção Editorial:
Elizabete de Jesus Moreira

Revisão:
Elizabete de Jesus Moreira
Mônica dos Santos da Silva

Capa:
Evelyn Yuri Furuta
Thiago Pereira Campos

Projeto gráfico e Diagramação:
Rones José Silvano de Lima – instagram.com/bookebooks_designer

Foto de Capa:
istockphoto.com / chemc
dreamstime.com / Harlanov
dreamstime.com / Serp

Normalização Técnica:
Biblioteca de Obras Raras e Documentos Patrimoniais do Livro

Esta edição foi impressa no sistema de Impressão pequenas tiragens, em formato fechado de 140x210 mm e com mancha de 104x168 mm. Os papéis utilizados foram o Off white 80 g/m² para o miolo e o Cartão 250 g/m² para a capa. O texto principal foi composto em fonte Adobe Garamond Pro 12/15 e os títulos em Adobe Garamond Pro 28/30. Impresso no Brasil. *Presita en Brazilo.*